自分勝手で生きなさい

下重暁子

JN074195

マガジンハウス

自分勝手は、わがままではない。
自分勝手は、利己主義ではない。
自分勝手は、傲慢ではない。

自分勝手とは、個として生きること。
自分勝手とは、自分で考えること。
自分勝手とは、自分で判断し、自分らしく行動すること。
自分勝手とは、自分を律し、自立し、自分に責任を持つこと。

自分勝手とは、これからの時代を生き抜くための
「ぶれない強さ」を備えることである。
これからは、自分勝手に強く生きよう。
自分を知り、自分を大切にできる人こそ、
相手を腹の底から思いやれるはずだから。

自分勝手で生きなさい　目次

第1章 人間関係から始める「自分勝手」 37

第2章

私らしい「自分勝手」を見つける

第3章 「自分勝手」のルール

終章

「自分勝手」を貫《つらぬ》くために

編集協力　青木由美子
写真　中島慶子（マガジンハウス）
ブックデザイン　トサカデザイン（戸倉 巌、小酒保子）

序章——これからは「自分勝手」で生きる

「個」でなければ生きられない

一人で買い物に行く。

一人で散歩に行く。

一人で行動し、人混みを避ける。

一人で過ごし、極力、人に会わない。


二〇二〇年、新型コロナウイルスの世界的大流行を受けて提唱された新しい生活様式は、いってみれば「個のすすめ」だ。

これに対して、不自由だ、閉塞感がある、つらい、さびしい、といった不満の声が多々あるが、私は逆に良い機会だととらえている。

いや、むしろ「大いに結構」と感じている。これまでの忙しい暮らしぶりでおざなりにしてきた「自分との付き合い方」を学ぶ絶好のチャンスだと考えているのだ。

親や子がいようと、配偶者や友達がいようと、私たちは一人だ。

会社という組織に属していようと、家族の絆があろうと、それでも私たちは一人だ。

「おひとりさま」は、結婚していない一人暮らしの人だけを指す言葉ではない。三世代の大家族で住んでも、夫婦二人で暮らしても、私たちは一人だ。

みんな、一人で生まれて、一人で死ぬ。

私たちが普段、棚上げにしていたこの事実を、新たな感染症によって、見つめ直すことができる。いや、見つめ直さねばならない。

なぜ、個を見つめ直さなければならないのか？

それは「感染予防の観点から、やむなく一人で行動することが強いられているから」ではない。新型コロナウイルスは、きっかけに過ぎない。

個として感じ、考え、発言し、行動できなければ、生き延びることはできない。そんな時代が来ているからである。

個として生きる、それは自分勝手で生きるということでもある。

「コロナてんでんこ」

個として行動することで生き延びる。

私はこれを「コロナてんでんこ」と呼んでいる。

二〇一一年三月一一日に起きた東日本大震災で、「津波てんでんこ」が広く知られた。

「津波が起きたら、とにかく一人一人が高いところに逃げろ」という意味だ。

津波というのは、一瞬ですべてをのみこむ。誰かが指示をしてくれるのを待っていたり、集団で行動しようとしたりすると、逃げ遅れてしまう。だから一人一人がてんでんこ（バラバラ）に、一目散に高い場所を目指すことが、命を救う方法となると、三陸地方では昔から言われていたという。

「災害のような非常事態には、一人一人が正しい判断をすることが大切だ」という教えである。

新型コロナウイルスについても、似たようなことが言える。

津波のようなスピードではないが、世界中を一気に襲う感染症もまた、非常事態だ。一人一人が正しい判断をする力を持たなければ助からない。いや、津波以上に、一人一人が正しく考え、行動しなければならない。

なぜなら津波の場合は、「とにかく高い場所へ逃げる」という昔ながらの答えがある。ところが未知のウイルスには、明確な答えは存在しないのだ。

情報はあふれ、錯綜する。不安からパニックも起きる。何が正しいのか、どう行動すればベストかという正解がないのだから、誰かの指示を待つわけにもいかない。

また、「みんなと同じであればうまくいく」とばかりに集団で行動したら、逆に全員がウイルスの餌食になり、感染を広め合うことになってしまう。

ウイルスに限らず、未知の脅威は今後もあらわれるだろう。こうした状況下では、自分の頭で考えて、自分一人で動かなければ、立ち行かないのである。

「みんなと同じ＝正解」ではない

私は東京に住んでいるが、軽井沢にも小さな家を持っている。気分転換のため、集中して執筆するため、あるいは特段理由もなしに、「住んでいるの？」と言われるくらい頻繁に滞在する。

二〇二〇年の春も、「仕事が一段落したら行こうかな」とは考えていた。もちろんこの春は、これまでの春とは違う。情報が錯綜し、感染者数が日に日に増えている状況だったので、「しばらく様子を見てからだな」と腰は上げずにいた。

ところが四月になると、「軽井沢は、夏のハイシーズン以上の大混雑よ」と、知人から連絡があった。三月二十五日に小池百合子都知事による外出自粛要請が出たその夜から、東京近隣からわっと人が押しかけているというのである。

「友達が一家で疎開するっていうから、うちも疎開する」

「東京は危ないらしいから、大急ぎで車を飛ばしてきた」

子どもの学校は一斉休校となり、親の会社はテレワークが奨励されている。また、軽井沢なら東京と行き来しやすいなど、それなりの理由はあったのだろう。

いずれにせよ、東京や首都圏の人たちがこぞって軽井沢のウィークリーマンションや貸別荘を利用するという〝疎開ブーム〟が起きていたのだ。

「下重さん、のんびりしていないで早く軽井沢に来て買い出しをしないと、スーパーなんて棚がガラガラになるくらいの超満員よ。軽井沢の家で食べるものも確保できなくなりますよ」

観光地・別荘地である軽井沢は、シーズンオフの人口は少ない。スーパーも少ないし、一番大きな店であっても、都心並みの品数は用意されていない。そんなところに一挙に人が詰めかけたら、あっという間にものがなくなり、地元の人たちが困ってしまうのは目に見えている。

私が呆《あき》れながらも、「ほとぼりが冷めて、空いた頃に行くわ」と告げたら、知人には「のんきねえ」と言われた。

だが、のんきでいい。のんきに移動するくらいでちょうどいい。

都心で暮らし、仕事もしている以上、私も知らない間に罹患している可能性がある。

仮に大慌てで移動したら、病院の数も少ないのんびりした土地に、ウイルスを運んでしまう可能性も否めない。もしそうなったら、迷惑千万で済む話ではないだろう。

「まわりのみんながやっていること＝正しい」

「みんなやっている＝急いで自分もやろう」

この発想自体が、おかしなことだ。「てんでんこ」ではなく集団の考え方、いや、考えてすらいない集団の感覚に絡めとられてしまっている。

また、新型ウイルスの場合は津波と違って、「高いところへ素早く逃げる」という昔ながらの経験則から生み出された正解はないのだから、自分でじっくり考えてから、どうするかを決めるのが当然ではないだろうか。

私はそもそも一人に慣れており、個として考え、一人で行動することを好む。人混みは嫌いだし、混んでいる場所、人気の場所は避けるし、人と同じものは欲しいとも思わない。

そんな自分が「どうやら少数派らしい」という思いは、コロナ禍で強くなった。

たとえば日本中でマスクや消毒液の品不足が始まると、「次はトイレットペーパーがなくなる」という噂が広まった。すでに報道されたことだが、これは明らかに誤った情報であり、国内生産がほとんどのトイレットペーパーは十分な製造数だった。

それなのに品切れになってしまった原因は、噂やデマを間に受けて買い占めに走った人たちが多数いたことだった。

新聞、テレビで「買い占めなければ足ります」と盛んに正しい情報が提供されても、自宅に何ロールもの予備ペーパーがあっても、なお買い続ける人たちがいた。

それは「みんな買っているから、買わないと不安だ」という心理だ。

「みんなと同じように行動していれば正解だ」と思い、個として考え、自分で情報を判断する営みを放棄しているのである。

一人でいると弱くなる人たち

デマに惑わされてしまう人に対して、「困りますねえ、なんて愚かなの！」と、一方的に非難するつもりはない。

「愚かだから、自分の頭で考えられない」というのは早計なのだ。

デマに惑わされて買い占めに走り、「みんなと同じなら大丈夫」と流されて行動する人は、愚かで、無知で、情報収集ができない人であると断じることはできない。

頭もよく、きちんとして常識があり、仕事や家事は手際よく、人付き合いもうまい人。愚かというよりは自他共に認める賢い人が、デマに惑わされてしまうこともある。

「不要不急の外出を控え、買い物は週に一回、一人で。会社はテレワークで」

都内の商業施設が軒並みシャッターを下ろし、見たこともないような風景となった春、私のところに何本か電話がかかってきた。相手は皆、一人暮らしの女性で、それぞれ表現は違うものの、煎じ詰めれば「不安でたまらない」と訴える。

彼女たちは仕事をしていて、経済的にも自立している。四十代、五十代という大人だ。

自分らしい暮らしも楽しみ、「ちょっとした料理を作ったので、食べにいらしてください」と誘ってくれるような気配りもある。

ところが、「会社に行けない、友人とも会えない、親に感染させると困るから実家に帰ることもできない」となったとき、彼女たちはよるべなさを訴える。

「じっと家にこもっていて、人としゃべる機会もないと気が滅入るんです。テレビを見ても、不安でしようがありません」

結婚をせず一人暮らしを続けている、働く女性たち。一人に慣れ、一人を謳歌し、個を確立できているように見えていた女性たちが、これほどもろいのかと、私は驚いた。

「コロナのニュースで気が滅入るのなら、テレビなんか消して、音楽でも聴いたらいいじゃないの。読書をしてもいいし、ひたすら考えごとをしてもいい。たっぷり自由時間が手に入ったと思って、自分の好きなことをしたらどう?」

実際に私も、例年に比べて時間ができていた。執筆は続けていたが、打ち合わせは激減した。ＮＨＫ文化センターでのエッセイ教室や、句会は休止となった。テレビでコメンテーターを務める際も、リモート出演なる新たな形態の働き方となっていた。私とて感染症の蔓延は愉快なことではないが、自分の時間ができたことは紛れもない事実だ。そこで、「あれもやりたい、これもやりたい」という意欲も湧いていた。

ところが彼女たちは、「何もする気になれません」と言う。

しまいには、「このウイルスは人為的なもので、発生源の中国の陰謀だと友達に聞きました。私もその通りだと思います」などと、とんでもないことを言い出す人もいた。

デマ、流言飛語、噂話というのは、非常事態には必ずあふれる。歴史書を読めば、デマに惑わされた話はいくらでもある。さかのぼって調べ、自分の頭で考えれば、「友達に聞いたから、その通りだと思う」などという発言は出てこないはずだ。

私は専門家ではないが、情報を集めたり調べたりして、自分なりにあれこれと考えていた。近年流行したウイルスには、トリ、ブタ、ラクダ、コウモリなど、動物が宿主《しゅくしゅ》だったものが多い。これを生物学や環境問題として考えれば、「人間の自然破壊によって、動物が居場所を失っていることが原因ではないか？」という仮説も成り立つ。それが正解かどうかは別として、いろいろ勉強して、自分の頭で考えれば、不安になることも、デマに踊らされることもない。逆に、非常に冷静になれるのだ。

驚きとともに私が悟ったのは、自立して働いている賢い人であっても、一人で生きている人であっても、「個を確立できていない人は存在しており、そういう人はもろい」ということだった。しっかりしていそうでも、個として生きていない人は意外にいるのだ。これは年齢性別を問わない。

彼・彼女たちは、親、友達、恋人、会社関係など、誰かしらとつながることで、しゃんとして見えていただけだった。コロナ禍で人とのつながりが絶たれ、物理的に一人になったとき、意外なほどに動揺してしまったのだろう。

人とのつながりがなければ不安になってしまう人は、「友達が言ったから」「会社の人がこうだから」という思考になる。ものを考える基準が「自分」ではなく、「人」になっているのだ。

こんな人たちが、「てんでんこ」に生き延びられるはずがない。

駅伝型の「協調の時代」から、マラソン型の「自分勝手の時代」へ

よりどころが欲しい気持ちは、私にもわかる。人との交流や絆を否定する気もない。だが、寄りかかってはいけない。すがりついてはいけない。自分の足で立っていなければ、共倒れになってしまう。

それが家族であっても、配偶者であっても、親や子供であっても、友達であっても仕事仲間であっても、頼ってはいけない。頼っていいのは自分だけだ。

相手が、「なんとなく共通点が多い」という同僚やママ友であれば、はなから頼れるはずがない。心底から信用もしていない、実は好きでもない、そんな人たちにおもねったり、同調したりするのは馬鹿らしい。ましてや、どこの誰だか実は正体がわからない「みんな」に合わせて行動するなど、私には愚の骨頂としか思えない。

ところが今は、協調性が大切なのだという。

みんな波風を立てずに人とうまくつき合い、同じような意見に賛成する。

流行だと聞けばそっくり同じような服を着て、大人気のレストランだとテレビで放送すると、飽きもせずに行列に並ぶ。聞くだけでゾッとする。

私は自分が好きな服を着たいし、自分が好きな店で好きなものを食べたい。そんなふうに改めて考えながら、ふと思った。これは駅伝とマラソンの違いではないかと。

日本の正月の風物詩ともなっている箱根駅伝で、ひときわ注目を集めているのは青山学院大学だろう。原晋監督は就任五年後の二〇〇九年に、なんと三十三年ぶりに青学を本選に出場させ、二〇一五年には初優勝へと導いた。その後も四連覇を達成するなど、快進撃が続いた。

原監督の指導はきめ細やかで、選手たちは寮で共同生活を送る。食事、トレーニング、ありとあらゆることを徹底的に管理する。選手たちは強力な指導者のもとで努力し、チームワークを発揮して優勝するわけだが、それは「チームとしての強さ」だ。「一般に、駅伝で強い選手が、個人プレイであるマラソンランナーとして成功することはない」と聞いて、私はなるほどと思った。

スポーツには詳しくないし、あまり興味もないのだが、私が知っている二人のマラソンランナーは、個性が際立っている人だった。

アトランタ五輪で銅メダルを取った有森裕子さんは、選手としても抜きん出ていたが、話していると非常に頭がいい。着ているもの、ちょっとした挨拶もセンスがいい。顔立ちだけでなく、生き方や佇《たたず》まいに毅然《きぜん》としたものを感じる。

シドニー五輪の金メダリストの高橋尚子さんは、オリンピックの諮問委員会で顔を合わせただけだが、スピーチを聞いて、その頭の良さに感心した。

マラソンは42・195キロという長丁場を一人で走る。ペース配分、水分補給など、自分で考える頭がなければできないことだろう。二人を指導した小出義雄監督が名伯楽だったことは間違いないが、現役生活を退いても二人とも輝き続けているのは、個として自立した人であり、強さと賢さを備えた人だったからではないかと思う。

なぜなら、脚光が当たっているときに輝いているのは当然だ。でも、現役を退いてもなお輝き続けるのは、本人の胆力なのだ。

まわりに惑わされたり、やすきに流れたりしない強さがある人、つまり「個」として立っている人しか、輝き続けることはできない。彼女たちや青学を例に、そうだ、と断じるわけではないが、マラソン選手と駅伝選手を比べると、たとえ非難を浴びても我が道を進むのはマラソン選手のほうだと私は思う。

駅伝選手のように「みんな一緒に、チームで頑張る」ということが正しいとされる風潮の中、マラソン選手のように生きるのは、難しいのかもしれない。

だが、逆に言えば駅伝選手のように「みんな一緒」というのをあまりにも重視しすぎているから、私たちは弱くなってしまったのではないだろうか。

「わがままを言わない、和を大切にする」という考え方が、いつの間にか個人を殺す重石になってしまっているのではないだろうか。

協調性が、必要以上に世の中全体にのしかかるプレッシャーになっているのであれば、そんなものはさっさと取り払ったほうがすっきりする。

いっそ自分勝手を貫く。自分勝手に生きる。その強さを取り戻すことが、これからの時代には必要ではないかと私は思う。

少なくとも私は自分勝手に生きてきた。そしてこれからも、自分勝手に生きていく。

自分に都合よく振る舞っていい

「あなたは自分勝手ね」と言われて、「ほめられた！」と喜ぶ人はいない。

額面通りなら、自分勝手とは、「人の迷惑を省みず、自分に都合よく振る舞うこと」だからだ。だが、自分勝手とは、それほど悪いことだろうか？

言わずもがなだが、「人に迷惑をかけても、自分さえ良ければ平気」という無神経さは私も我慢がならない。そういう人が周りにいたら、お付き合いはごめんこうむる。しかし日本人は「人に迷惑をかけない」という意識が強くなりすぎたのではないか。

良薬も飲み過ぎれば毒になる。あまりにも清潔すぎると必要な免疫がつかない。「過ぎたるは及ばざるがごとし」というわけで、過剰なまでに人に迷惑をかけずに協調しようとした結果、個として弱くなってしまった気がしてならない。そろそろバランスを取り戻すために、「自分に都合よく振る舞う」という練習をしたほうがいい。

「自分に都合よく振る舞う」とは「自分の心のままに行動する」ということで、よくよく点検してみれば、自分を知り、自分で判断し、個として行動することでもある。

これはむしろ、これからの時代に身につけるべき能力と言っていい。

危機にさらされたとき、「命を守る」という人間の一番大事な都合を優先するのは当然だ。それが一人一人できてこそ、「てんでんこ」に行動して生き延びることができる。

つまりここでいう自分勝手とは、「人に迷惑をかけずに、個として行動する」ことだ。誰の指示に従うのでもなく、自分の価値観に従って生きることが、自分勝手に生きるということである。

自分勝手に生きる。そのためには、まず、自分を知らなくてはいけない。自分を知らなければ、自分の価値観に従って行動することなどできるはずがない。

しかし、私たちは意外に自分を知らない。忙しいし、あらゆる刺激があるし、日々が人との関係性にまみれているから、自分自身と向き合うことを忘れているのだ。

だから改めて、自分を見つめてみてはどうだろう。自分がどんな人間で、何が好きで、何が強みで、何をしていると夢中になれて、どんなときに喜びを感じるかを。

そして自分というのは、美しい要素だけで構成されているわけではない。ドロドロと醜い、できれば蓋をしておきたい部分が私にもあるが、それも目を逸《そ》らさずに直視して把握する。そうしたときはじめて、「自分を知っている」となる。

自分にはどんな癖があり、何を怖がり、何に嫉妬し、何に執着しているかなど、自分の醜さ、自分の弱さを知ると自分の中に「もう一人の自分」が生まれる。

「もう一人の自分」がいれば、やると決めたことを先延ばしにしたり、自分に嘘をついたりしそうになったとき、「それでいいの?」と食い止めることができるだろう。


自分に忠実に生きるとは、わがままなようでいて、しんどいことだ。「もう一人の自分」を作り出してまで、自分に厳しくしなければいけないのだから。

たとえばもの書きである私には、「ずっと書き続ける」というのが自分の価値観に沿った忠実な生き方だが、これは時としてしんどい。今でこそ多くの方々に読んでいただいているが、最初の頃は思うように書けなかったし、書けどもなかなか評価されない時期もあった。それでも自分が決めたことであれば、あきらめるのは自分を裏切ることになる。書けるまで書き続けなければならず、そのエネルギーは相当なものだったし、今もそれは続いている。たぶん死ぬまで書くだろう。

「気分が乗らないから」とサボる、「いつかそのうちやろう」と先延ばしにするのは、自分への裏切りだ。自分のことは自分で決めて、自分が決めたことはやり遂げる。このように、自分で自分を律する「自律」が、自分勝手の土台となる。

そうやって自分に忠実に生きても、間違えることがある。自分を信じてひたすら突き進んだら、道に迷うこともある。誰のせいでもないので、自分で責任を取らなければいけない。後始末は骨が折れるだろう。だが、ここで手を抜くと人に迷惑をかけることになり、私が考える「自分勝手」とは異なってしまう。

「自分勝手」を完遂する、その胆力の源となるのが、自立だ。

精神的にも、現実的にも、個として立つ力が自立だ。誰かと誘い合わなければどこにも出かけられない、みんなと足並みを揃えたいという癖から抜け出ることでもある。

自律と自立。この二つが、自分勝手に生きる絶対条件となる。

正しい「自分勝手」で乗り切る

私はかねてから、自律と自立を実現する「個のレッスン」は大切だと考えており、このテーマで本を書こうかと考えていた。

そこに新型コロナ感染症という、世界規模の試練がやってきた。てんでんこに行動することが求められるため、早急に「個のレッスン」をする必要が出てきた。非常時であるゆえ、より厳しさを備えた「自分勝手のレッスン」がふさわしいと感じている。

未曽有の事態というのは、避けたいことでありながら、反面、人生を見つめ直し、仕切り直しをするチャンスである。

たとえば私は幼い頃に大病をしている。当時は治療法がなかった結核だったために、たった一人で隔離され、二年間学校に行けなかった。健康だったら良かったのにと思わないわけではないが、孤独に閉じ込められた経験は、私という人間を形づくってくれた。

また、幼い少女だったとはいえ、私は第二次世界大戦も経験している。戦争というのは未曽有の事態だが、それが日本という国の転換点だったことは事実だ。

それなりに長く生きているので、いくつもの天災を目の当たりにしてきた。なかでも転換期になったと感じているのが、一九五九年（昭和三十四年）に死者・行方不明者を五千人も出した伊勢湾台風だ。阪神・淡路大震災が起きるまでは、戦後最大の天災だった。

当時ＮＨＫのアナウンサーだった私は、名古屋へ転勤したばかりだった。まさに台風の中心地に居合わせたというわけだ。

いよいよ台風が上陸し、被害状況がひっきりなしに入ってくる中、支局は大騒ぎとなった。私も着任したてとはいえ、報道する者として徹夜で働かねばという決意をしていた。ところが、私に与えられた上司の指示は、耳を疑うものだった。

「女性は危ないから早く帰宅してください」

当時名古屋支局にいた女性は、私と野際陽子さんの二人。女優に転身する前の彼女はＮＨＫアナウンサーであり、私の一つ上の先輩である。野際さんも私も納得がいかなかった。

「女だからって、こんな馬鹿な話があるかしら！」

不本意ながら寮に帰り、停電になった部屋で懐中電灯の明かりを頼りに五目並べをしながら、野際さんと憤った記憶は、今でも鮮やかによみがえる。

せっかく報道の仕事に就いたのだから、こんな時こそ働きたかった。死者も出ている暴風雨の中、女性を外に出せないというなら、お茶汲みでも、後方支援でもいい。私たちも現場にいたかった。

それなのに女性だからという理由で外され、男どもは「保護してやった」と得意顔だ。女性は仕事の場において、一人前扱いされていない時代だった。仕事をするために入局した私たちは侮辱だと受け止め、激しく腹を立てていた。


だが、翌日になると事態は一転していた。被害状況や行方不明者の確認など、次から次へと報道しなければならないことがあり、圧倒的に人手が足りない。私たちはもはや、「保護すべき女性」ではなくなった。それどころか、取材に飛び回り一日も休まずに働き続けることになったのだ。

あの夜、呑気《のんき》に五目並べをしていたのは束《つか》の間《ま》のこと。結局は寮も無事では済まず、私自身が被災者でもあった。知り合いの家で炊き出しをもらいに行ったりしながら、仕事を続けた。泥まみれ汗まみれという言葉では到底あらわせない過酷な日々だったが、あの未曽有の事態が、私を目覚めさせてくれたのだ。働くとは、仕事をするとは、どういうことかと。

未曽有の事態をどう乗り切ったかで、それからの人生は変わる。

それは何歳であっても、どんな立場であっても同じことだ。

新型コロナウイルスという災害に見舞われた今、逃げることなく、正面から向き合う。そして、自分を見つめ直して正しい「自分勝手」で乗り切っていきたい。

これからの人生を「自分勝手で強く生きる」ためのヒントになったら幸いだ。

第1章——

人間関係から始める「自分勝手」

「いらないつながり」を整理整頓する

コロナ禍の春、パニックになった人からの連絡が一段落すると、スマホも自宅の電話も鳴ることが減った。

仕事上の付き合いでかけてくる人たちからの連絡がなくなったためだ。

さほど急がない用事だとメールやファックスを使うから、電話でのやりとりは直近の仕事や打ち合わせの日時についてだ。ところが会うことを控えたり、仕事自体がなくなったりして、「用がないから電話が来ない、こちらからもかけない」という状態になった。

私にとって、これはすこぶる快適だった。連絡が途絶えても「あの人、どうしているかな」とも思わない。心が通じ合う友達以外は、用がないなら連絡を取らなくていいし、そのまま縁が切れてしまっても構わない。

私の人間関係は単純で、「信頼できるごく少数の友達」と、「仕事などの利害関係がある人たち」に大別される。前者は何があっても揺るがないしっかりした気持ちのつながりがあるので、まめに連絡を取る必要はない。後者は今述べたように、「縁が切れてもいい人たち」なので、なりゆきに任せている。

ところが多くの人は、その中間の、友達とも知り合いともつかない人間関係に悩むのだという。たとえば会社の同僚、学生時代の同級生、ママ友、ご近所の人、趣味やボランティアの会、ジムで顔を合わせる人たちという具合だ。

そういう人たちは、属性が同じだったり、共通点があったりするからつながっている。だが、属性や共通点は自分の本質ではなく、自分にまつわる〝枠〟である。

枠にはいろいろあって、たとえば会社という枠が同じだと、「同僚じゃないか」ということになる。だが、自分そのものではない枠が同じだからといって、気が合うはずがない。同じ会社に所属しているから絆ができるなど、あり得ない話だ。

学校、子ども、趣味も枠だし、性別や年齢も枠。結婚しているか・していないか、都会に住んでいるか・地方に住んでいるかも枠だ。

そして友達というのは、一切の枠を取っ払って、心でつながれる人を指す。

枠でつながっている人は、一見、友達のように見えるけれど、実は友達ではない。

そんなどうでもいい人間関係にあれこれ気を使い、ストレスを募らせたり、落ち込んだりするのは人生の無駄としか言いようがない。どうでもいい人たちの動向をいつも気にして、なんとなく足並みを揃えていては、自分勝手に生きられない。どうでもいい人たちは頼りにならないし、そもそも人に頼るという発想が間違っている。

コロナ禍で、「なるべく人と会わないようにしましょう、外出を控えましょう」となったこの機会に、いらないつながりを、きれいさっぱり整理整頓するといい。

学生の頃、私は通知表にいつも「協調性がない」と書かれていた。親は多少気になったかもしれないが、私は頓着しなかった。はなから協調していないのだから、協調性がなくて当たり前である。嫌いな人は嫌いだし、興味がない人には興味がない。どうでもいい人はどうでもよく、そういう人に合わせるのはまっぴらだった。それは今でも変わらないし、学校教育のほうがおかしいと思っている。

無理をして人に合わせていると、ストレスがたまる。ストレスというのは、付き合う人が一人増えればそれに比例して増える。「でも、大勢とつながりたい」というなら、どうでもいい人とも付き合えばいいと思う。しかしストレスがたまるのが嫌だったら、無理をしなければ付き合えないような人とは、この機会に縁を切るといい。縁を切るといっても、絶縁状を叩きつけろとか、喧嘩をしろというわけではない。自分の意思をはっきりさせれば、自動的に整理整頓されていく。みんながおいしそうだと言うから、それに合わせて「おいしそう」と言わなくていい。まずいものはまずい、つまらないものはつまらない、自分が思った通りに発言し、行動すればいい。

また、人の動向をいちいち知ろうとしないことも大切だ。今は情報社会であり、その気になればあらゆる人のことが見えてしまう。誰が何をし、何を買って何を食べたかまでわかってしまうから、比べたり気にしたりする人がいるが、情報とは追いかけ始めたらとめどなく気になり、永遠に追いかけていないと不安になる厄介な代物だ。

人は人、自分は自分、これぞ自分勝手である。

人からどう思われても気にしない

私はとても付き合いが悪い。仕事が終わったあと、「お茶でも飲みながら、ちょっとおしゃべりを」というのも好まない。仲良しの食事会だの女子会だのに無理をして参加するくらいなら、一人でいたほうが充実している。だから基本的に「いえ、今日は失礼します」とさっさと帰ってしまうが、これは昔から変わらない。

ＮＨＫに勤めはじめた頃、女性アナウンサーで集まって食事に行く、仕事の休憩時間にお茶を飲みに行くという誘いがよくあったが、ほとんど断っていた。だいたい私は世間話や雑談が苦手である。取り留めもなくしゃべる内容がないし、そういうときに何をしゃべっていいのか今でもよくわからない。

ＮＨＫに採用された際、試験官の一人が「度胸がある」と私を評していたことを後で聞いた。私は昔から付き合いが悪く、友達がおらず、世間話は下手だったが、不思議なことに人前に出てしゃべるのは何ともなかった。

今思えば、普通にしゃべるのがあまりにも苦手なので、人前では思い切り開き直っていたのだろう。さもなくばしゃべれないと覚悟を決めたのだ。それが傍目《はため》には、度胸があるように見えたのだと思う。

だから入局後も、マイクの前では緊張もせず平然と話すが、「ねえ、一緒にお茶を飲みに行かない?」と言われたら、雑談できないから断るのが自然だったのである。

では、そういうときに何をしていたかと言えば、空きスタジオにこもっていた。アナウンサーになってからも、「いつか物を書きたい」という志は抱き続けていたから、妄想にふける、本を読む、何か書くといったことに時間を使っていたのである。ラジオの空きスタジオはこじんまりした密室で、極めて静かだし、誰も入ってこない。そこで一人になって文章を書くのは、ほっとできるひと時でもあった。

こういう人間が集団の中では目立ったり浮いたりするのは、今も昔も同じである。若い頃の私も、「あの人は付き合いが悪い」と陰で言われていたし、「あいつは変わり者だ」と呆れているのも耳に入ってきていた。

それで構わなかった。彼らが私に何かをしてくれるかといえば、何もしてくれない。

そんな人たちと無理に付き合って時間を無駄にするより、書きたいものを書くなり、自分が好きなことをやったほうがいい。

しばらくは、「付き合いが悪い人」「変わり者」と断じられていたと思う。やがて誘われなくなったから、仲間外れにされているように見えたかもしれない。

ところが一年ほど経った頃、まわりの反応が変わってきた。番組の企画や何かでアイデアが欲しいという時、「いつも一人でこもっているあの子なら、面白いことを言うんじゃないか」と考える人が出てきたのだ。聞かれれば、こちらも一生懸命に考えて、自分なりの答えを言う。それが独特でいいと、支持してくれる人も出てきた。

やがて通り一遍じゃない意見を欲しい時には、「下重さんはどう思う?」と聞かれるようになり、それが仕事の評価にもつながっていった。外部のライターに任せていた台本書きをやってみないか、と声がかかったりした。一人でいることも付き合いが悪いことも、「あの人は、ああいう人だから」と認められるようになった。みんなと同じ行動をとらない私は、「一味違う人間」として一目置かれるようになったのだ。

もしも私が、「あの人は付き合いが悪くて変わっている」という声に負けたり、さびしさや疎外感に流されて擦り寄っていったりしたら、一目置かれるという結果にはならなかっただろう。私は一年間、「人にどう思われても気にしない」という態度で、自分勝手を貫いた。だから「職場でも自分のペースを崩さず、意見を求められたときだけ同僚と交流する」という、ちょうどいい関係性ができあがっていったのだと思う。

そのあとは、人間関係がぐっと楽になった。

変わっている、浮いているなど、人にどう思われても気にしなくていい。おかしいと思われるところが自分の個性なのだから、大切にしたほうがいい。

それでも「疎外感で不安になる、我が道を行けない」という人は、せめて、沈黙を無理やりに埋める癖を改めてはどうだろう。会話をしていて、ふと話が途切れた時に沈黙が生じると耐えられずに話し出す人は多いが、そこをあえて黙ったままで過ごしてみる。これも人に合わせずに我が道を行く練習になる。

「人と違うことをする」という発想を持つ

私は「人と違うことをする」という発想しかない人間だ。人と同じものを書いたところで誰も読んでくれないし、そもそも自分自身が感動しないことには何も書けない。そして人と違うことをしなければ、本当に感動するようなものには出会えないのだ。私が本当に心を揺さぶられたことを文章にすると、読んでくれた人の心にもそれが伝わるのだと感じる。

「人と違うことをする」というスタイルが定まったのは、ＮＨＫで一年先輩だった野際陽子さんの存在の影響が大きい。

名古屋支局で一緒だった野際さんはいい先輩だった。五人きょうだいの一番上というのもあり、姉御肌で面倒見がいいのに、さっぱりしている。ようやく社会に出て一人でやっていこうとしていたものの、甘やかされて育った私にとって、最高の先輩と言っていい。しかし、これは同時につらいことでもあった。

あの頃、名古屋支局にいる女性アナウンサーは二人だった。先輩・後輩と言っても、年齢は一つしか違わず、つまり何かにつけて比較されるのだ。

比べられれば悲しくなるほど、野際さんは完璧だった。きれいで頭が良くて、「こんなにすべて揃っている人がいるんだな」と驚いたほどだった。アナウンス技術も高いうえに、人当たりもとてもいい。私が苦手な世間話だって難なくできる。

最初のうちは憧れて、「あんなふうにできればいいな」と、密かに野際さんの真似をしていた。だが、すぐに「私は野際陽子じゃない」と気がついた。どこまで行っても野際陽子になれるはずもなく、仮になれるとしたら〝野際陽子もどき〟だ。下重暁子はどこかへ行ってしまう。

そこで私は、「野際さんには一生かかっても追いつけない。だったら、違うことをしよう」と決めた。ある問題について、野際さんが何か意見を言ったら、私は違う視点から別の意見を言う。何かのテーマについて野際さんが街中の人たちに取材に行けば、私は全然違うところに取材に行く。

違うことをしていても、野際さんと同じくらい、きちんとやろうと考えていた。優れている人と同じレベルの仕事をしようと思ったら、勉強しなければ追いつけない。

野際さんがもしもいい加減な人だったら、私もいい加減な仕事をしていただろう。

こうして、「野際さんと同じことをしていたら認められないから、違うことをしなければ」と努力しているうちに、だんだんと自分らしさができていった。これは本当にありがたいことで、私は野際さんのおかげで、自分なりの力をつけていくことができたのだと思う。

野際さんは女優に、私はキャスターをしつつもの書きにと道が分かれた頃、NHK時代の昔話をしたことがある。

あの頃は、東京から名古屋にゲストが来ると、番組終了後は一緒に繁華街に繰り出した。行き先はたいてい、お酒を飲みながらピアノかギターを伴奏に歌えるクラブだった。カラオケが普及したのは一九七〇年代も終わりになってからのことである。

野際さんは歌が好きだったが、人付き合いは苦手な私も、歌うことが好きだった。高校時代はオペラ歌手を目指して、世界で認められたオペラ歌手・三浦環の弟子筋の先生に習いに行っていたほどだ。

「アコ（お互いにノンちゃん、アコと呼んでいた）が歌ったら、えっ？　というほどうまくってビックリしたわ」と、野際さんは懐かしがった。「それにね、あの頃は二人とも、雑誌社に頼まれてエッセイなんかを書いていたでしょう？　おとなしい後輩だと思っていたあなたが書いたものが自分のよりもずっと良くて、私、ものすごくショックだったのよ」

野際さんは率直な人だから、嫌味でもなんでもなく、そう思ったのだろう。

野際さんは野際さんで、私に一目置いてくれていたのかもしれない。面倒見がいいけれど馴れ合わない野際さんが、そう言ってくれたことは嬉しかった。

同じようなことをしてべったり一緒にいる友達から得るものは少ない。

人と違うことをして、自分というものができてこそ、認め合える関係ができる。

「群れない、媚びない」自分勝手同士のいい関係

自分勝手に生きるなら、媚《こ》びず、群れずとなるのは明らかだ。それでも私に友達と呼べる人がいるのは、相手もまた、我が道を自分勝手に生きているからに他ならない。二〇一二年に『abさんご』で芥川賞を受賞し、〝七十五歳の新人作家〟として話題をさらった黒田夏子さんは大学時代の同級生である。早稲田で同人誌を一緒にやっていた黒田さんとは、「同じ匂いがする」と感じたことで親しくなった。特に何も話さなかったのに、「この人も一人なんだ」と感じた気がする。

お互いに本をよく読んでいて、感想を言い合ったりはしていたが、家族や恋愛についての打ち明け話、流行っているものやおしゃれといった日常のこと、つまり若い女の子同士が語り合うような話は、まったくしなかった。大学時代は二人とも「書くことで生きていきたい」と願っていたが、卒業後の道はかなり違っていた。

私はアナウンサーになり、三十三歳でＮＨＫを辞めてからは、民放のキャスターと

して忙しく暮らしていた。書くことは続けていたものの、〃アナウンサー下重暁子〃が綴《つづ》る、女性向けの生き方指南書が多かった。ようやく『鋼の女《ひと》――最後の瞽女《ごぜ》 小林ハル』（集英社文庫）や、『純愛 エセルと陸奥廣吉《むつひろきち》』（講談社）といった骨太なノンフィクションが上梓できたのは、五十代の半ばになってからだ。

黒田さんは新卒で小学校の教師になったが、二年で辞めた。「書くということだけが自分の本道」と決めていたのに、教師は忙しすぎて執筆がままならなかったためだ。

その後は小説を書く邪魔にならない仕事ばかりを選び、赤坂の料亭の帳場、タオル問屋、音楽事務所の事務員をしながら書き続けた。

執筆に専念するため家には電話もなく、連絡は葉書だけというちょっと浮世離れした黒田さんとは滅多に会わなかったが、付き合いは続いていた。黒田さんは作品ができあがるたびに原稿のコピーを送ってくれるし、私も感想を伝えるのだが、長編作家だから完成には十年もかかる。雑誌掲載もなく、書籍化されることもなかった。

たとえ世間に認められなくても、そんなふうに一途《いちず》に書き続けられる彼女の強さが、私はうらやましかった。正直に言えば、嫉妬めいた気持ちもあった。私は世間に名が知られ、本を出すことができていたが、それは求められたもので自分が書きたいものではない。一筋に自分の道を貫ける黒田さんには、到底、かなわないと思っていた。

だからこそ、寡作の黒田さんが『abさんご』で早稲田文学新人賞を受賞したときは「これは芥川賞を取る！」と読んですぐに確信したし、実際にその通りになったときは、自分のことのように、いや、自分が受賞した以上に嬉しかった。自分とはまったく違う生き方だけれど、こんな強さを持った自分勝手な友達がいることは、まごうことなき私の幸福なのだ。

黒田さんは黒田さんで、「自立できているあなたがうらましかった。途中で年賀状を出すのをやめようと思った」と教えてくれたことがある。「あなたは世間的に成功しているのに、こちらは綱渡りのままで、何かお願いすることはあっても頼まれることはない」と思ったそうだ。

それでも私たちの友達関係が壊れなかったのは、お互いに根っこのところでは、人と自分を比べたり、勝ち負けという意識を持ったりしなかったためだろう。

自分の道をひたすら進み、大きな花を咲かせた黒田さんを心底素晴らしいと思うが、だからと言って自分が歩いてきた道を否定しようとは思わない。そのとき選んだのが私の人生で、私はそれに責任も持たなければいけない。

二人の対談集『群れない　媚びない　こうやって生きてきた』（海竜社）のおわりに、黒田さんは「それぞれの道すじで歩いてきて、今この一冊の中で落ち合えた」と書いてくれている。彼女が書いていること、元気でいることは嬉しく、存在自体が励みになる。「私も頑張らなければならない」と奮い立たせてもらえる。

芥川賞受賞の大反響が少し落ち着き、出版社で久しぶりに会ったあるとき、私たちはタクシーに乗った。自宅までは電車で帰るという彼女は東京駅で降り、私はそのまま車で帰ることにしたのだが、車から降りた彼女は一度も振り返らず、まっすぐ駅へと入っていった。「私なら、一度くらい振り返って手を振るな」と思いつつ、その背中の変わらなさが、何ともすがすがしくて少しおかしく、そして嬉しかった。

自分勝手とは、相手の自分勝手も尊重することだ。そうすればきっと、自分勝手な友と出会える。思い出すだけで楽しくなる、かけがえのない友と。

六十歳からの家庭内別居（夫婦別室）のすすめ

コロナ禍でテレワークが増えるにつれ、「もう、耐えられない」と悲鳴を上げている主婦が多いと聞いた。一日中、夫が家にいるのが嫌だというのだ。

それまでは朝、夫が会社に行けば独り占めできた自宅という空間に、邪魔者がいる。子どもも休校であれば、朝、昼、晩と食事の支度に追われることになるのだという。

「各自、好きなものを食べればいい」と私は思うが、そうはいかないらしい。

物書きである私の仕事場は自宅で、つれあいは大学での仕事をリタイアしてからずっと家にいるので、お互いいわば〝万年自宅待機〟だ。それでも自分勝手に暮らしているので、まったくストレスがたまらない。

食事は一緒にとるが、料理はつれあいの趣味であり、あれこれ工夫して好きで作っているから、私としては「じゃあ、お相伴に預かるわ」というところだ。つれあいは「作ってあげている」とか「作らされている」というつもりはないし、私も「作ってもらっている」とも思わない。

だが、昔からこんなにうまくいっていたわけではない。若い頃、つれあいは海外勤務があったり出張が多かったりでほとんど家におらず、一人でいるのが大好きな私にとって、それは救いだった。いつもべったり一緒なら、結婚生活は続かなかったと思う。

ところがつれあいが六十歳になり、仕事が変わって時間ができたら、だんだん距離が近すぎるように感じ、なんとも我慢がならなくなってきた。

それはどうやらお互い様だったらしい。「家庭内別居をしよう」となり、寝室を別にすることにした。トイレとバスとキッチン、リビングは共有。食事も一緒にするけれど、それぞれ個室があるという使い方だ。私の仕事部屋も別途必要なので、改装してリビングが少し狭くなってしまったが、それだけの価値はあった。

日中、私は仕事部屋で過ごし、つれあいはリビングやキッチンで過ごす。夕食が済むとつれあいは自分の部屋に入るので、私はリビングを独り占めできる。猫派のせいか私は完全に夜行性で、リビングのソファにひっくり返って本を読んだり、音楽を聞いたりして、一人の夜を気ままに過ごす。それがなんとも言えずいい時間で、自分の寝室に引き上げてベッドに入るのはかなり遅くなってからだ。

隣の部屋のつれあいは早々に寝ているのかもしれないし、本を読んでいるのかもしれない。「かもしれない」というのは、自室に入った彼の動向を干渉しないし、興味もなく、私の知ったことではないからである。隣り合わせたそれぞれの部屋で勝手に過ごしている。

それでも最近は、お互いにドアは閉めないことにした。年齢的なこともあり、もし、何かあったとき、怒鳴れば聞こえるようにしている。

子どもがいる場合、夫婦が個室を持つのは難しいかもしれないが、子どもたちが独立したら家庭内別居のチャンスだ。それぞれ自分勝手に暮らしたらいい。

つれあいと一緒になる前、私は大恋愛をしたが、生活を共にすることはしたくなかった。

自分勝手な私は、自分を殺してまで相手に人生を捧げることはできなかった。心が粉々になるような経験だったけれど、人生が壊れずにすんだのは、恋を失っても自分を捨てず、自分勝手を貫いたからだ。

私の母は自分を持っていたが、時代のせいもあり家族に尽くし続けた。そういう女性は現代でも少なくない。

たとえば「外国文学のような」と評され、華やかな都会派として知られた作家の森瑤子さんは、我が道を行く強い女性に見えて、実は家族に尽くし続けていたようだ。評伝などを読むと、ヨットが好きな夫のために島まで買ったというのだから驚く。

繊細で美しい森さんの作品を私も愛読していたが、晩年の作品を読んでいて「あれっ？」と思うことが増えたのは、夫に尽くすお金を稼ぐためにあまりにも仕事をしすぎて、筆が荒れていたのかもしれない。もしも、尽くしすぎたことが一因で才能を消耗し、五十代という若さで亡くなってしまったとしたら、あまりにも切ない。

自分勝手に生きるなら、人に尽くしてはいけない。家族であっても、愛する人であっても、尽くしてしまったら、それは形を変えた依存となる。相手のために何かすることを自分の生きがいにしたら、相手なしでは生きられなくなる。

夫婦も家族もしょせんは他人、最後まで付き合うのは自分自身だ。尽くさず、尽くされないくらいの間柄で、自分勝手に生きるほうが、心と体の健康にいい。

年齢の枠には絶対はまらない

夫婦はかくあるべき、家族はかくあるべきというのは、すべからく〝枠〟だ。妻という役割、夫という役割、親という役割、仕事人としての役割は捨てて、属性も外す。何もかも取り払った自分そのものになり、自分勝手に生きていけば、もっと自由になれるし新たな可能性が広がる。

役割というのはたまたま与えられたものに過ぎず、自分自身ではない。いつまでも後生大事に背負うようなものではないのだ。

たとえば多くの女性は人生の大部分を「お母さん」と呼ばれて生きてきたかもしれないが、生まれた時からお母さんだった人などいない。銀行員のAさんも公務員のBさんも、社長のCさんだって、生まれた時はただの人だ。

私も「アナウンサーの下重暁子さん」と呼ばれることが窮屈でたまらなかった。アナウンサーという仕事でたまたまお金をもらっているが、それは私の役割に過ぎないとずっと不快だった。書くことが増え、アナウンサーという役割が外れると、清々しい解放感があった。

今の私はもの書きが表現の手段であり、これは単なる仕事の域を超えているから苦痛ではないが、それでもなお、自分そのものだとは思わない。会社の役職や、親としての役割がなくなったら、いよいよ自分勝手に生きられる第二幕が始まるということだ。めそめそとさびしがるよりも、軽くシャンパンの一杯でも飲んだほうがいい。


属性のほかにも枠はある。私が一番、不愉快なのは枠にはめられることだが、年齢という枠はどうにもしぶとい。

たとえば私は八十四歳だが、何より私自身が八十代だと思ったことがない。『年齢は捨てなさい』(幻冬舎新書)という本を書いているくらいだから、歳などどうでもいいと思って生きてきたし、これからもそうだろう。区役所に行って書類を見れば確かに八十四歳だが、「ふーん、で、誰がいくつなの?」という思いで、本当に実感がわかない。

自分の体の感覚や、いろいろなものへの興味の持ち方からいって、「年を取ったとしても、六十歳になったかならないかくらいかな」というのが正直なところだ。

ところが世の中の人は、あくまで年齢という枠に固執することがある。

NHK文化センターで私が教えているエッセイの教室の生徒に、尋常でないほど記憶力がいい、聡明な女性がいる。ある時、彼女は手持ちのガラケーをスマホに変えようと販売店を訪れた。スマホにはどんな機種があるかを聞こうとすると、店員がまず「失礼ですがお幾つですか」と尋ねてきたという。

年齢なんか関係ないのにと思いつつ、彼女が「八十五歳です」と告げると、その店員は、「スマホは無理ですよ」と断じたというのだ。こうなると失礼どころの話ではない。

これは私も覚えがあって、「そろそろガラケーからスマホに変えたい」と話したとき、居合わせた知人が「それは無理でしょう」と言い放ったことがある。

「同世代の自分の母親には無理だから」という理由だったが、なぜ会ったこともない女性がスマホを使えないからといって、私まで使えないことになるのだろう。やはり年齢という枠で人を判断しているのだ。小学校の教室には同じ歳の子供が集まっていたはずだが、全員が同じ能力だったわけではない。歳が同じでも人はそれぞれ違うのに、そんな当たり前のことが飛ばされてしまっている。

改めて書くまでもないが、エッセイ教室の彼女も私もスマホを購入し、調べ物をしたりＬＩＮＥをしたりと活用している。私はアナログ人間だが、スマホというのは幼児だって操作できる簡単なものなのだから、あっという間に使えるようになった。新しいものは否定しないし、ＳＮＳの危険性を知ったうえで、利点もわかっている。そもそも使えないと、今の時代は不便で仕方がない。

他人によって〝枠〟にはめられることはかように不愉快で馬鹿馬鹿しいが、もっと恐ろしいのは無意識のうちに、自分で自分を枠にはめることだ。「もう歳だから、できない、無理だ」というのは、まさに自分を年齢という枠にはめている思考法である。

人生を長く歩んできて、ようやく役割という枠から解放されたのに、年齢という枠で自分を縛ってはいけない。自縛は自爆のもとだからやめておこう。

自分勝手に我が道を行けば、スマホくらい、すぐに使える。

自分勝手を存分に楽しめる一人旅

コロナ禍で行動が制限されて残念なのは、しばらく旅ができないことだ。今後、徐々に可能になっていくにせよ、集団で行くのは当分、難しいだろう。

それならいっそ、一人旅をしてみてはどうだろう。一人旅をすると、自分がどういうことが好きか、何に興味があるかがわかる。新鮮な目でいろいろな発見ができる。

永六輔さんはいつも一人旅だった。著名な作詞家であり大人気のラジオパーソナリティであった永さんは、日本中どころか世界中に知人がたくさんいたが、いわゆる友達というものを持たない孤独な人だったと思う。

私と永さんはかつて所属事務所が同じで旧知の間柄だった。地方へ行く列車で偶然、一緒になったことが何度かあるが、永さんはいつも一人で、お互いに「こんにちは」と挨拶だけしてさりげなく別れ、余分な話は何もしなかった。

それが実にすがすがしかった。お互い勝手に一人旅を楽しんでいて、人にしゃべりかけられるのはわずらわしい。だからさらりと挨拶だけして去る、それでこそ旅だ。

地方の仕事の際、落語家の立川談志さんもよくお見かけしたが、彼もいつも一人だった。静かに座って本を読んだり、書き物をしたりしていたので、普段は仲良くしていたのに、あえて声をかけないことも多かった。

同じ落語家では、柳家小三治さんもいつも一人で移動する。お二方とも大勢の弟子に囲まれ、賑やかに過ごしているからこそ、そういう時間を大切にしていたのだと思う。

一人旅なら行き先も日程も自由だ。好きなときに出掛けて、好きなときに帰って来る、その過程が無類に楽しい。

当てがないはずの目的地で、仕事ともまったく関係ない、いわゆる〝枠〟がまったく異なる出会いがあり、友達になったりする。これが一人旅でなかったら、深く触れ合うこともなかったはずだ。年を重ねてみると、逆にその人に会いたいなと思って旅に出掛けることもあるから面白いものである。

一人旅の目的は行き先ではない。自分に出会う旅そのものが目的でいい。

いちばん仲が悪い人と旅をしてみる

「コロナのせいで修学旅行ができない」という記事を新聞でよく目にしたが、子どもが皆、修学旅行を楽しみにしているかと言えば、そんなことはないだろう。少なくとも私は、修学旅行など大嫌いな子どもだった。先生に説得されてやむなく参加したが、旅行中、苦痛でたまらなかった記憶がある。

大人になってからは、女友達と誘い合っての旅行も何度かしたが、朝から晩までべったり一緒に行動すると息が詰まった。

「あっちに見たことがない木がある。すごく遠回りになるけれど歩いて行きたい」という時、相手が「早く名所にたどり着いて写真を撮りたい」と言うなら、さすがの私も「ちょっと悪いかな」と遠慮する。自分勝手の本領を発揮して、さっさと行けばいいようなものだが、特に二人きりだったりすると、諦めることもある。それで「やっぱり一人旅がいい」と思うのだ。

「一人旅なんてしたことがない」とか「一人で行くのはどうしてもさびしい」という人に勧めたいのは、付き合いがある中で、あえていちばん仲が悪い人を誘って旅に出ることだ。

仲の悪い人を誘って行くと、お互いあまり顔も見たくないし、話題が途切れてしまうことがある。そうすると、列車に乗っていても違う席に座ったりするから、窓の外を見る余裕ができる。

窓の外を流れていく景色を眺めているだけで、様々な発見がある。今は少なくなってしまったが、昔は秋の稲刈りの頃に旅をすると、その土地その土地のやり方で稲穂干しをしているさまを車窓からふんだんに眺めることができた。稲を乾かすための並べ方が、平らだったり立体的だったり地方ごとに違う。江戸時代まで、藩ごとに独自のやり方をしていた名残だという。そんな風景を見ていると、たくさんの驚きと発見がある。

私は川が大好きなので、どうせ列車に乗るなら、川が流れている側に座りたい。進行方向右側に川があれば、必ず右に座って川を眺めるのだが、川というのは蛇行しているから、いつの間にか反対側になってしまうことがある。列車が空いていればの話だが、そのたびに私は席を移動する。まるで子どもだが、それがまた楽しい。

一人旅もしくは、「話したくもないしどう思われても構わない人」との旅なら、こんな振る舞いも思いのままだ。

川の流れを目で追いながら、ぼんやりといろいろなことを考える時間は僥倖《ぎょうこう》にすら感じる。旅をしている最中、見たこと、感じたことは自分だけのものだ。

「仲が悪い人となんか旅をしたくない」と言うのなら、せめて別行動ができる相手を選ぼう。理想を言えば、現地集合で現地解散。お互い自分勝手に旅をし、夜は同じ宿で落ち合って食事を一緒に楽しむというくらいがいい。

ここまで徹底するのは難しいなら、旅の中に一人になれる自由時間を組み込んではどうだろう。たとえば夕飯まであと二時間あるという時、「私はひとまわり散歩をしてくる」「じゃあ、私はゆっくり温泉に浸かる」とばらばらになれる相手だと、一緒に旅をしながら一人旅気分も味わえる。

旅の相手が「一人で放り出さないでよ」とべったり頼ってきたり、一人になったとたん、迷子になってしまったりする頼りない人では、こうはいかない。

「せっかく旅行をしてるんだから、一緒に行動しましょうよ」と言い出す人は面倒なので、絶対に旅の友には選びたくない。

これは家族でも同じことで、常に夫婦揃って、常に家族全員でとひっつき合っている必要はない。子どもが幼い場合は別として、ある程度の年齢なら、世話をやきすぎるのは逆効果だ。

家族とて他人だ。家族旅行であっても距離感を保てる旅がいいと私は思う。

名所ではなく「私の桜」に会いにいく

今の生活のすべては、どこか人為的だ。人間はもともと、もっと自然とうまく付き合っていたし、自然から大いに学んでいたと思う。

旅に出かけず、いつもの道を歩いていても発見はある。東京世田谷の等々力に住んでいた頃、多摩川のあたりはどのくらい歩いたかわからないほど、よく歩いた。

都内であっても、歩いているとまるで趣が違う光景に出会うことができる。多摩川の河川敷の川崎側にはゴルフ場（現在の東急ゴルフパークたまがわ）があって、東京側から川崎側までは、素朴な渡し舟が客を運んでいた。

夕方までそのあたりにいると水面に魚が跳ね、よくよく目を凝らせばさまざまな魚が棲《す》んでいることがわかって、飽きることがなかった。

やがて渡し舟のおじさんと仲良くなり、よく対岸まで乗せてもらった。一人でいると自然とも直《じか》に触れ合えるし、人との出会いもある。もしも誰かと一緒にいたら、あの気のいいおじさんは声を掛けてくれなかっただろう。

四季の移り変わりも、かつては歩いていて、思いがけずに出会うものだった。「こんなところに桜があった！」と発見すれば、それは私だけの桜になり、私だけの名所になった。

ところが今は、「桜の名所はここです」と、人が言うところに皆が詰めかける。東京なら上野恩賜公園や吉祥寺の井の頭公園、中目黒の川沿いなどが、開花日から見頃まで紹介され、そこばかりに人が集まる。全国各地、桜の名所だの藤や紫陽花の名所だの、同じようなことが起きている。そういう場所が人気の旅行先となるのだ。

しかし、みんなが行きたがる名所に行き、テレビで見た通りの景色を見て、何が面白いのだろう。自分しか知らない「私の桜」に会いに行くほうが感動するし、嬉しい。

たとえ家から十五分の場所であろうと、それが本物の旅だ。

バスツアーでも自由時間は一人で行動する

「危険な旅をお楽しみください」

こんなキャッチフレーズのツアーがあったら、ぜひ参加してみたいと思う。安心、安全な旅ほどつまらないものはない。人間であっても、私はちょっと危険な男のほうが好きだ。面白い人、楽しい人、未知なる人に好奇心をそそられる。

ところが旅行会社の新聞広告を眺めていると、逆のことが書いてある。

「添乗員付きの安心・安全な旅。宿泊は日系ホテル、日本食を提供します」

これは退屈極まりない。旅に出たらその土地のものを食べるのが楽しみなのに、なぜ地球の反対側まで行って、いつもと同じ白いご飯を食べたがるのか理解できない。

しかし、嗜好は人それぞれだし、ツアーのすべてを否定するわけではない。また、一人旅や個人手配の旅は割高で、お金もかかる。経済的に見ればツアーは魅力だ。

そこで、団体旅行に参加するのであれば、その中に「一人行動の時間」を組み込んではどうだろう。たとえ日帰りバスツアーでも自分仕様にできる。

観光バスでどこかに行く場合、有名なお寺などの目的地に着くと、ガイドから一通りの説明があるだろう。そのあとの自由時間は、みんなと一緒にお寺の写真を撮りまくったりお土産屋に群がったりするのではなく、人気がないほうに行ってみるといい。

私なら、一人でお寺の裏に行く。お寺の裏というのは山になっているところが多く、しばしば小さな階段がついている。足の向くまま登って行くと、奥の院に通じる道が見つかったり、鮮やかなオレンジ色の烏瓜《からすうり》がたった一つ、青空にぽつんと映えて実っていたりする。私もそんな光景を楽しんだことがあるが、秋の空気のせいか、それぞれの色がくっきりとしているさまは今も脳裏に浮かぶ。

「有名なお寺に行ったのに、なんでまた烏瓜を見るのか」という人もいるかもしれないが、有名なものでないと感動しないわけではない。烏瓜でも、境内にいた猫でもいい。自分なりの発見があればそれでいいのだ。一人で行動すると、そうした発見に敏感になる。リーズナブルなバスツアーを仲間と楽しみながら、ちょっとした一人旅気分を味わって見ると、だんだん個として行動できるようになっていく。

私の初めての海外旅行は一九六四年、東京オリンピックがあった年のことだ。

既にアナウンサーとして働いていたが、ドラマまで生放送という時代だ。一つの番組が終わったらすぐ次の番組と、びっしり詰まったスケジュールを忙しくこなす日々が続いていたが、オリンピックのおかげで突如、時間が空いた。当時、スポーツは男性が担当するものと決まっており、私に回ってくる仕事はなかったのだ。

「これはチャンスだ」と休暇を取り、まったくの一人でヨーロッパを回った。語学が堪能なわけでもないが、知らないところに行くというだけで、わくわくした。

古い友人でもある作家の五木寛之さんは、当時まだ無名のライターでＮＨＫの放送作家のような仕事もしていた。「ぜひ、ポルトガルにも行くといい」という彼の勧めでユーラシア大陸の南端まで足を伸ばし、一日観光バスツアーに一人で参加した。

参加者は世界中から集まった人たち。家族づれやグループ参加者もいたが、食事休憩の時などは、一人参加の客だけが一つのテーブルに固められた。私は同年代のカリフォルニアから来ていた男の子となんとなく一緒に行動するようになり、観光も、ファドを聴きながらの夕食も、彼が常に隣にいた。

食後、「カジノに行ってみよう」という話になり、なんでも興味がある私は、身分証のパスポートを見せてさっさと入場した。ところが、なかなか彼が入ってこない。おかしいと思って係員に尋ねると、「あの男性は入れませんよ」と言う。よく聞けば、彼はまだ十七歳の未成年だった。私が二十四歳だと話すと、「僕のほうが一つ年上だな」とすましていたくせに、精一杯、背伸びをしていたのだ。

それがなんだか可愛らしくて笑ってしまったことを、今でも思い出す。ただ、それだけの縁だが、バスツアーに一人で参加をしなければ、永遠になかった出会いだ。

旅先で一番面白いのは、人との出会いだ。私は鹿児島や松江など、まるで縁のない場所に友達がいるが、みんな旅先で偶然、出会った人たちだ。属性も暮らしぶりも違うけれど、「コロナ、東京は危ないんでしょう。大丈夫？」と気遣ってくれる彼らは、紛れもなく友達である。ただ一つの共通点は、それぞれ自分勝手であることだけだ。

第2章

私らしい「自分勝手」を見つける

「責任と思いやり」をセットにする

新型コロナウイルスの対策を巡り、「専門家の意見に従うべきだ」という人もいれば、「経済のことを考えるべきだ」という人もいる。そうした矛盾を取りまとめて指針を示すのがリーダーの役割だと思うが、生憎《あいにく》、日本にはそれができるリーダーがいない。どっちつかずのまま困り顔をさらし、フラフラ揺れているように見える。

これは憂慮すべきことだし、「なんて情けないんだろう」と思うが、情けなさは政治家だけでなく、日本人全体についても感じる。

なぜ、お上に言われなければ何もできないのか？

なぜ、お上に言われた通りにしようというのか？

私に言わせれば、どちらもよくない。国の指針は指針であって絶対ではない。「本当にそうかな？」と自分で考えて、自分で納得してから行動すればいい。リーダーは必要だが、「強いリーダーに従いたい」という受け身の姿勢は危うい。

強い人が優れているとは限らず、優れている人が絶対に間違えないとは限らないと、戦争を知っている私は確信している。自分の頭で考えずに、黙って指示を待っていたら間違った道に進むこともあり、間違いに誰も気づかなければ共倒れになる。

リーダーがいないなら、自分で自分のリーダーになれば良い。「確かな指針を示してほしい」と文句を言うのではなく、自分の頭でよくよく考えてどう行動するかを決め、自分勝手に生活すれば良い。

自分勝手とは、自分さえ良ければあとはどうでもいいということではない。自己判断のもとに賢い行動を取るということで、日本人にはその知性があるはずだ。

たとえば全家庭に二枚配布されたアベノマスクは、ゴミが混じったものが届いたり、配送が遅れたりと大変な不評だったが、到着をじっと待つ人はごく少数だった。日本中、マスクが品薄の頃はあったが、人々はすぐに手作りするなどの工夫をし、それぞれ好きなマスクをつけ始めた。感染症対策であると同時に、自分勝手にファッションとして楽しみ始めたから、街には色とりどりのマスクの花が咲いたのだ。

私も自宅近くにある小さな店「それいゆ」で、何とも好みのマスクを見つけた。

デザイナーでありイラストレーターでもあった中原淳一が編集していた雑誌「それいゆ」は、戦後の少女たちの憧れだった。ほっそりした首に大きな目の女の子のイラストが特徴的で、私も夢中になったものだ。

広尾の「それいゆ」は彼の意匠の品を扱う店で、緑地に白黒のひまわり、グレー地に紅と白で少女とひなげしをあしらったものなど、さまざまなマスクが並んでいた。独特のそれいゆ風となればすぐに手が出て、自分用にプレゼントにと楽しんでいる。

巨額の税金を使ったお上のマスクをいただかなくても、庶民は憂鬱なマスク生活に、自分の判断で楽しみを見出すことができる。この心意気がもっといろいろな場面で発揮されれば、社会全体が変わっていくと私は思う。


自己判断でやれることはたくさんあり、大いに自分勝手にやるべきだが、守らなければいけないルールもある。一つは他者に思いやりを持ち、迷惑をかけないということ。もう一つは、自分に責任を持つことだ。

消毒液やマスクなどを買い占めたり転売したり、禁じられているのに柵を乗り越えて潮干狩りをしたりと、呆れるばかりの行動をとる人が目についたが、それらはルールのない悪しき身勝手であり、社会では通用しない。一人一人が「自分の行動に責任を持ち、他者に思いやりを持って迷惑をかけない」というルールを持っていれば、そんな愚かで恥ずべきことは起きなくなる。

他者に思いやりを持ち、迷惑をかけないためには、想像力が必要だ。既に書いたとおり、とことん自分を見つめて自分の感情を知れば「これをされたら自分は嫌だ」ということがわかるし、自分がされて嫌なことを他者にしてはいけない。医療従事者やその家族が言われなき差別を受けたと報道されたが、「もし、自分が医療従事者だったら」とありありと想像できたなら、出てくるのは感謝の念だけになるだろう。

私たちは同じ社会に生きているが、人はみんな一人一人違う。身体的な違いもあるし、思考の違いもあり、あらゆる違いがあることを、本当に芯から大事にしなければいけない。日頃から、違う人を阻害するのではなく尊重する意識を持つことだ。

そして自分に責任を持つためには、力を蓄える必要がある。リーダーの指示を待たずとも、自分で自分を引っ張れるだけの強さを持つことが、不可欠と言える。

自分で自分を養うのが基本

「ソーシャルディスタンス」とは社会的距離であり、「人とは二メートル離れましょう」という物理的な距離だけでなく、心理的な距離をも指す。

そして、家族もまた個人が集まった小さな社会であると私は思っており、距離をとってしかるべきだ。一つ屋根の下で一緒に暮らしていても、人間の単位はあくまで個人であって家族ではない。親子でも、きょうだいでも、配偶者でも、たまたま縁があって一緒にいるだけの間柄だから、「自分は家族の一部である」という考え方をするほうがおかしい。

人間は皆一人であり、ソーシャルディスタンスとは、いついかなる時も保たれて当然のものだ。たとえそれが家族であっても、距離感があったほうがいい。

私の場合、かれこれ五十年ほどつれあいと一緒に暮らしているけれど、ずっとお互いの距離感は縮まらず、馴れ合うことはない。つれあいも私も、自分たちが家族という一単位でまとまるとは思っていない。結婚した当初から今に至るまで、水臭い関係と言えるが、「お互いに相手の領域に立ち入らない」という関係でいられる土台は、やはり独立採算制であることが大きいだろう。

本当の自由を獲得しようと思ったら二つの自立が必要で、一つは精神的な自立であり、もう一つは経済的な自立である。

経済的な自立とは、自分一人を食べさせるということだ。子どもやパートナー、親など、他の人を養うのはなかなか大変なことだけれど、自分一人ならなんとでもなる。健康で気構えがあれば、経済的自立はそれほど難しくはない。

つれあいも私も「自分の身は自分で養う」という大前提があるから、相手がいくら稼いでいるか、お互いに知らない。私は自分の稼ぎ高には大いに興味があるが、相手が何をして稼ごうと、それが多かろうと少なかろうと、まったく関心がない。

また、独立採算制といっても、一緒に暮らしている相手と、一円単位まで細かくやるのは性に合わない。私はさして数字に強くないし、「出費をすべて書き出して2で割る」などと、いちいちくだらないことをするのはまっぴらだ。

光熱費など、共有のものだけ半分ずつ払い、あとはそれぞれで賄うというどんぶり勘定がちょうどいい。だいたい合っていれば、それで構わない。

無論、みんながみんな、独立採算制をすぐにできるわけではないだろう。子どもがいたり、さまざまな事情で難しいこともあると思う。だが、六十代も半ばを過ぎてお互いに年金暮らしになるタイミングで、独立採算制を試してみてもいいだろう。精神的、経済的な自立を手にする機会になるかもしれない。

家族であっても、互いにソーシャルディスタンスを持ち、精神的にも経済的にも自立する。馴れ合わず、甘え合わず、もっとさりげなく暮らせるようになる。

『家族という病』(幻冬舎新書)に詳しく記したが、「家族だからこうあらねばならない、仲良くしなければならない」など、あり得ないことなのだ。

一緒に住むもの同士でも、それぞれ自分勝手にやってみると、それなりの距離を保つことができる。そうなれば、もっと住みやすく生きやすくなる。

成人し、就職した子どもであってもべったり暮らす人も多いが、親子が友達のように仲良くしたり、恋人同士のように母と息子が行動を共にしたりするのも、いかがなものかと思う。

おそらく、そうした親子は本当に気が合うわけではなく、親と子の双方にとって、相手が便利な存在なのだろう。子どもは「気を使わず、お金も使わずにすむうえに、甘えれば喜んでくれる存在」として親を見ているし、親も子どもを「気兼ねなく出かけられる友人」の代わりにしている。言い尽くされていることではあるが、子どもがある程度の歳になったら、放り出すのが一番だろう。

自分勝手に生きるためには、自分を養う、というのは基本中の基本である。親に養ってもらう、配偶者に養ってもらう、子に養ってもらうという姿勢では、自分に責任を持てないし、自分勝手にはなれない。

親も子どもも、自分勝手がいい。家族だからと言って甘え合い、べったり依存し合っていては自分勝手を貫くことは難しいだろう。

ちょっとした「自分らしさ」を加える

自分勝手になるためには、自分を律して自分に責任を持たねばならないから、「勝手気ままに楽しく生きていきたい」というふんわりした気持ちではとうてい無理だ。精神的・経済的自立を果たすためにも、努力をしなければならない。

努力と言うと、時代がかった根性論のように響くかもしれないが、「ちょっとした自分らしさ」を加味することは、大きな努力であると私は思っている。

自分らしさを加えることで、自分が「個」として際立ち、力を蓄えることができるから、「孤」でいられる強さが備わる。自分の体験からもまさにそう感じている。

私はいくつか気に入った喫茶店があるが、そこで働いている人の中にも、きちんとした対応ができて、いわゆるマニュアルでない心くばりをしてくれる人がいる。「ただコーヒーを運ぶだけじゃないか」と思うかもしれないが、挨拶やカップの置き方、表情、ちょっとしたひと言、明らかに人とは違う際立ったところがあるのだ。

その人がいるだけでほっとするようなスポーツクラブの受付、アルバイトなのに

「おっ？・」と思う人は、滅多にいないが確実にいる。そういう人には必ず運がひらけるものだから、自分勝手に生きたいのなら、マニュアルを捨てて自分らしさを際立たせてみてはどうかと感じる。

私自身のことを振り返れば、NHKのアナウンサーをやっていた頃のことがよみがえる。名古屋から東京に戻り、「今晩の番組から」の担当になったのだが、これはレギュラーを持ったなどと言える代物ではない。要するに十分間でその夜に放送される番組を紹介するだけのもので、一年中まったく代わり映えがしない。放送は夜七時の（？・）NHKニュースの前だから観ている人は多かったようだが、やっているほうとしては退屈極まりなく、私は大嫌いだった。

毎日、嫌で嫌で、NHKへ行くこと自体が嫌になった。ふと気がついたら、鏡に映る私は魚の腐ったような目になっていて、「自分が死んできた」と実感した。

本当は文章の仕事がしたいのに、出版社の募集がないから妥協して入ったとはいえ、自分の時間の大部分をつかっているのはテレビの仕事だ。もちろんプライベートもなくはないけれども、ほとんどを過ごしているのは職場である。やはり、そこで楽しいことを見つけないと、自分が駄目になると思った。

「とにかく、会社に行くのが楽しいと思えなくちゃ駄目だ」と結論づけたが、生放送の十分間のうち、私の顔が〝主役〟になるのは最初の十秒しかない。

「皆さんこんばんは、お元気ですか。今夜もＮＨＫの番組でお過ごしください。番組をご紹介いたしましょう」

挨拶は毎日毎日、このセリフをゆっくりと言う。そのあとは各番組の紹介に画面は切り替わり、私はと言えば、番組の内容を紹介するスクリプトを間違えないように読み続けるだけになる。つまり、勝負は最初の十秒なのだ。

時間内であれば、どんな挨拶をしてもいいことになっていたが、ずっと決まり切った挨拶だけをしていた。だが、ここしか勝負どころがないのなら、ここに賭けようと思った。よく考えれば、通りいっぺんの挨拶なんて大嫌いなのだ。

あれこれ思案し、「毎日、全く違う挨拶をしよう」と決めた。当時ＮＨＫは内幸町にあり、通勤では毎朝、日比谷公園を通り抜けていた。

「皆さんこんばんは。今朝、日比谷公園を歩いてきましたら、サルビアの赤がすっかり深くなっていました。では、今夜のＮＨＫの番組をご紹介いたしましょう」
こんな具合に、ある日は「サルビアの赤」で秋の挨拶とする。とても短いから、まるで俳句だ。その日はたまたまサルビアが目についても、翌日はまた違うことを言わなければいけない。そこで道を歩いていても、新聞を読んでいても、「何か挨拶に使えるものはないかな？」と目を配り、四季折々の細やかな変化にとても敏感になった。

半年ほどたち、ふと鏡を見たら、自分の目が生き生きしてきたことに気がついた。毎日、緊張感を持ってネタを探し続けていたから、それだけで表情が変わってきたのだ。

だが、会社では誰一人、気に留めなかった。たかが番組紹介、たかが十秒の挨拶だ。
それでも私は、「遠くで雷が鳴っています。」「手袋が片方、落ちていました」などと、違う挨拶を探し続けた。おしゃれが好きだったから、服や小物も工夫して、毎日変えるようにした。自分が決めたことは、守り抜かなければ嫌だった。若い頃から、私は自分勝手な人間だ。人が決めたルールは平気で破ることはあっても、自分が決めたことにはどこまでも忠実だった。

そのまま一年が経ち、最初に気がついてくれたのは視聴者だった。

「今日の番組から、の挨拶はいつも面白い」

「今日は何を言うのかな、どんな服かなって、毎晩楽しみにしています」

メールもない昭和のことだから葉書である。視聴者からの投書がたくさん来て、それはいつしか、放送局の人たちにも伝わった。

いろいろな番組を任されるようになったのは、一年間、自分が決めたことを忠実にやり続けたこの出来事がきっかけだった。「人とは違う自分らしさ」をほんの少し付け加えることで、私の仕事は大きく変わったし、そこからすべて開けてきた。

ほんの少しの差だから、すぐには気がついてもらえない。半年、一年と、誰にも認められずにやり続けるのは、心底しんどいことでもある。

それでも、自分が決めたことを守ってやらなければ自分がかわいそうだし、自分で自分を駄目にする。だから、どんなにつらくても、ちょっとぐらい嫌になっても、自分が決めたことは頑固に守ってきた。それこそ私が思う、「責任をもって自分勝手に生きる」ということだ。そして続けていれば、目に止めてくれる人は必ずいる。
昨日と同じ今日を送るほうが楽だし、ものを考えずにすむ繰り返しのほうが簡単だ。
だが、楽なことは楽しくはない。本当の楽しさは、しんどさの中にある。
ほんの少しのしんどさを、自分の毎日に取り入れることは自分勝手に生きる秘訣だ。
やるもやらないも、決めるのは自分次第。まさしく自分勝手に決めればいい。

自分の個性や強みを知って磨く

家族、会社という〝枠〟を取り払い、みんなが自分勝手になれば、それぞれの個性が際立つ。繰り返し書いてきたように、人は一人ひとりみな違う。その違いを生かせば個人の仕事や暮らしが充実することは間違いないが、会社全体が伸びていくことにもつながるだろう。たとえて言うなら、歌がうまい人が歌を歌い、ピアノがうまい人がピアノを弾き、美術のセンスがある人がステージをしつらえてコンサートを開けば、素晴らしいひとときをつくりだすことができる。適材適所ということだ。

ところがこんな当たり前のことが、長い間、考慮されてこなかったのではないだろうか。

私がアナウンサーだった頃のNHKでは、どの番組を担当するかはデスクによって振り分けられた。プロデューサーやディレクターから「この番組はぜひ下重さんに」と指名が来ることもあったが、それは局としても力が入っている番組で、その他にもルーティンな番組はたくさんある。私が担当していた「今夜の番組から」などもその一つで、「入社〇年目の女性アナウンサーはこれ」という具合に、年齢、性別によって大雑把に振り分けられていた。個性など考えず、単純な枠で括《くく》ったほうが、管理する側にとっては簡単で、都合がよかったのだろう。

「入社何年目の男性はこの番組」という采配は、一見公平のようだが、個性を無視する不公平だ。杓子《しやくし》定規だから全くその人に合わない番組になることも珍しくなかった。若い女性の得意分野が料理とは限らないし、男性はみな野球に詳しいわけではない。

私は人の個性や強みを知り、「この人にはこれが似合う」と考えるのが今も昔も大好きで得意だから、「もし、自分がデスクだったら見事にさばいて見せるのに」と悔しく、歯がみをしていた。

人を一人の人間として見て、それぞれに合う場所を見つける手伝いをするのが、上に立つ人の役割だと思う。そして、個性や強みや得意なことを相手に知ってもらうためには、やはり自分自身がまず自分らしさを知り、磨き続けることが一番である。「人とちょっと違うことをやる」と心がけてみてはどうだろう。

主婦も自分の得意なことを勝手に伸ばす

働いていなければ、自分勝手に生きられないわけではない。主婦業は嫌がるものでも恥ずべきものでもなく、衣食住、教育、経済、生活全般を網羅した〝仕事〟であると私は思う。

全部を完璧にやろうというのは無理な話である上にただの義務になってしまうし、今の時代、その必要もないだろう。若い世代は夫も妻も働くのが当たり前になっており、今は便利な家電製品など揃っているのだから、大いに利用すればいい。

ただし専業主婦や主夫が、漫然と主婦（夫）業をやり続けると言うのは、いかにも退屈でもったいない。そこで個を際立たせて自分勝手を貫くには、多岐にわたる主婦（夫）業のうち、自分で得意なものを一つか二つ、決めるといい。それを自分の専門として、徹底的に磨くのだ。

まずは自分を客観的に見て、何が得意かを見極めるといいだろう。人からほめられたこと、喜ばれたこともヒントになる。

「あら、あなたは器用ね。手作りのエコバッグがとても素敵じゃない」とか、「この間いただいたおかず、おいしかったわ」といったことだ。そして言うまでもなく、自分が好きなことがいい。

もしも私が主婦だったら、インテリアや家の設計が大好きだから、さらに勉強してそれを強みとして伸ばし、専門家になったと思う。その気になれば学ぶチャンスはたくさんある。片付けだって洗濯だって、それが好きで強みとして伸ばせば、いろいろな可能性がひらけていく。

料理を強みとして伸ばした主婦の代表といえば、栗原はるみさんだろう。

彼女の配偶者である栗原玲児さんは元キャスターで、生前は私の友人でもあった。ずいぶん前のことだが、我が家に遊びに来たときに、玲児さんはこう言っていた。

「うちの女房、すごく料理がうまいんだよ。好きで一生懸命やっているから、そのうち左うちわで暮らせるように、俺は一生懸命に応援しているんだ」

玲児さんはひとまわり年下のはるみさんに、「家で僕を待っているだけの人にはならないでほしい。社会に出てごらん」とすすめたそうだ。彼はそれまで、自分がテレビに出る〝表〟の人だったけれど、人生の後半は、はるみさんをプロデュースする裏方に回った。一九九二年に出版した『ごちそうさまが、ききたくて。——家族が好きないつものごはん140選』(文化出版局)がミリオンセラーになった後のはるみさんの大活躍は、改めて記すまでもないだろう。

はるみさんはレストランや和食店で料理人として修業したわけではなく、料理学校に通ったわけでもない。食い道楽で料理がうまかった玲児さんの指南もあったと聞くが、主婦として家庭料理を極めて、誰もが認める料理研究家になった。

昔のおふくろの味というのは、決して贅沢《ぜいたく》なものではなかった。素材にしろ、調味料にしろ、むしろ質素だったかもしれないが、家庭ごとに独特の味があって、同じように肉じゃがだの味噌汁だのを作っても、味は少しずつ違っていたものだ。これは「うまい・まずい」という表面的な話ではない。濃いめの味付けだろうと薄味だろうと、それが人と違う味だから、みんなおふくろの味を懐かしむのだろう。

今は便利な時代で、レトルトや冷凍食品があふれているが、誰が作っても同じ味になってしまうのがつまらない。スーパーやデパ地下で買ってくる出来あいの惣菜は言わずもがなで、そんなものばかり食べていたら個性が消えてしまい、自分というものがなくなってしまう。せめて何か加えるなどの工夫をして、自分の味にしたいものだ。

コロナ禍でテイクアウトや、有名店の味が届けてもらえるUber Eatsが話題になったが、それは便利さの享受であって個を極める練習にはならない。レストランや料理屋が営業できずに高級食材が安くなっていたのだから、発想を転換し、そうした食材を使って自分の味を探すのも、自分勝手な主婦の、いや主婦に限らず自分の味を大切にする庶民の知恵というものではないだろうか。

料理、家事、日常のなんでもないところに、自分らしい工夫をしてしたたかに楽しむ。これこそ、自分勝手になる秘訣でもある。

主婦の自分勝手は、暮らしの中で自分の好みを磨いていくことと言える。

自分勝手を通せば無駄なお金がかからなくなる

五月の緊急事態宣言でみんなが外出を控えた結果、どっと増えたのが家庭ごみだと聞く。家にずっといるのだから、空き容器やペットボトルといった生活ゴミが増えるうえに、空いた時間を利用して、〝断捨離〟をした人がたくさんいたようだ。

買ったけれど着ない服、流行遅れになったバッグや靴、アクセサリー、食器、本。このところモノを捨てるのが一大ブームになっているようだが、私に言わせれば、やり方が根本から間違っている。捨てるなどと言う小手先のことに夢中になるほうがおかしく、そもそも買わないことを考えたほうがいい。「捨てる」という出口を気にするより「買う」という入口から意識を変えなければならない。

私も『持たない暮らし』（KADOKAWA）を上梓しているが、多くのものを持たずに暮らしをしたいのなら、まずはいらないものを買わないことだ。

「本当に自分の好きなことにだけお金を使う」と決めたなら、そんなにお金を使わずにすむ。なぜなら、無駄な出費のほとんどは、人と同じことをして生じるものである。

流行だからといって、似合いもしない、そう好きでもない服を次々と買ったら、数回着ただけでタンスの肥やしどころかゴミとなり、捨てることになる。流行りを追いかけて次々に買うのはくたびれるし、いくら安い服が買える時代になったとはいえ、「塵も積もれば山となる」で、たくさん買ったら馬鹿にならない出費となる。

みんながルイ・ヴィトンを欲しがり、並んでまで買っていた時期もあるが、私は一つも持っていない。丈夫で使いやすいというのはわかるが、あれだけ大勢の人が持っているものを持ちたいと思ったことがないのだ。逆に人があまり持っておらず、自分の好みにも合うモラビトのバッグをわざわざ探して買いに行ったりした。

人の真似をしている人は、自分というものがないし、自信がない。もっと自分勝手になって好きなものを見つけ出し、好きなものだけにお金を使ったほうがいいだろう。

私は好きなものしか買わないから、「物の命を使い切る」ことが好きだ。これはよくよく吟味した上で良い品を手に入れて、一度選んだものは手入れをしたり直したりして、ずっと大切にしていた母の影響が大きい。

多少高くても、品質が良いものは長持ちするし、本当に好きなものであれば一生付き合える。私は体型があまり変わらないこともあり、短くても十年は着るし、大学時代の服を今でも着ている。たとえ同じブランドの品でも、職人が手間暇かけて作っていた昔のものは縫製も生地もクオリティが高く、贅沢な素材がたっぷりと使われている。当のブランド店の人が「昔のものは、今はもう職人も減って作れない良い品ばかりですから、どうぞ大切になさってください」と言っているほどだ。

はっとするほど好きなもの、一生使い続けたいほど好きなものは多少、高価かもしれないが、それほどたくさんは出会えない。審美眼を磨いて、厳しく良い品を選ぶ癖をつければ、財布の紐はひとりでに締まる。

そうやって、誰に何を言われようと、自分勝手に好きなものだけを買えば、無駄な買い物をして捨てることもないし、むやみに新しいものを買いたくなくなる。結果として片付けやら断捨離に苦労しなくなり、お金も使わずにすむという寸法だ。

人が集まる場所に出かけて行き、流行りのことをやろうとするのも、無駄な出費のもとである。「みんなが行っている人気スポットだから、行っておきたい」「流行の店だから行ってみよう」とやっていたら、お金がいくらあっても足りない。

いつか編集者の誘いで、最先端という中華料理店に行って唖然《あぜん》としたことがある。店の前には若い人が並んでいたし、運ばれてくる皿はどれも凝った盛り付けだった。店中の人がパチパチと写真を撮っていたから、「インスタ映え」とやらで人気なのだろう。だが、写真を意識しすぎているのか、食べられない飾りまでがあたかも料理の一部のごとく皿に乗っているのには閉口した。味については記すまでもない。

人気でも流行でもなくても、私は自分がおいしいと思える店、つくっている人の顔が見える店が好きだ。銀座の「銀圓亭《ぎんえんてい》」、自宅近辺だと洋食の「麻布食堂」や中華の「春秋」など、自分が好きな店に通い続けている。好みの味というのはそうそう変わらないから、次々に新しい店に食べに出かけて、無駄なお金を使わずにすむ。

こうして自分勝手を貫けば、「何で自分が満足するか?」がよくわかるようになり、お金はどんどんかからなくなっていく。

教養と精神性こそ「いざというとき」の備えになる

コロナ禍であれこれ買い占めるのも、人生百年時代だと必死でお金を溜めようとするのも、「いざという時に備えておきたい」という人の心のあらわれだろう。それだけ人は不安になりやすく、ものやお金はわかりやすい形だから、その不安を埋めてくれるように思えるのかもしれない。

さらに「感染防止対策も大事ですが、経済活動を止めてはいけない」という政治家たちも、いざというときの備えは、なんと言ってもお金だと考えているに違いない。日本の価値観は、すっかり経済効率第一になってしまっているのだ。

しかし、億万長者であっても「お金が減ることが心配だ」と言うのだから、お金は絶対に安心な備えではない。また、庶民が十分な蓄えをすることは難しいし、仮にそれができたところで、インフレーションになればお金は紙屑《かみくず》になってしまう。

経済が良くなったところで、人の命が失われてしまったら、なんの意味があるだろう。逆に言えば、命さえあれば、お金などどうにでもなるというものだ。

「お金より精神性が大切だ。自分が食べるだけのお金があればいい」

私の中には「武士は食わねど高楊枝」という価値観が根強くあり、いくらお金があっても絶対に売り渡せない矜恃《きょうじ》もあるが、これは育った環境も大きい。

江戸の終わり、下重家は御典医として松平藩の小藩・浜田藩に仕えていた。浜田藩は幕府派だったが、すぐ隣の萩藩は明治維新の立役者たる長州藩である。そこで病弱だったお殿様は、長州相手では勝ち目がないと城を捨てて小船に乗って難を逃れた。

私は島根まで赴き、郷土史研究家にお話を伺ったりしたが、武家屋敷は焼けて跡形もなく、「戦わずして逃げた」という不名誉な逸話だけが残っていて、浜田の人たちにはすこぶる評判が悪かった。

逃げ出したお殿様一行は、中国山地の津山にしばらく身を潜めたのち、ようやくもともといた関東に戻ったが、わがご先祖も悲惨な状況だったようだ。藩という一生を捧げる〝会社〟は消えてなくなり、全員失業してしまったのだから、食うに食われず、傘を貼ったり塾のようなことをしたりして、糊口《ここう》をしのいでいたという。

私が「お金が大事だ」という価値観で育てられなかったのは、ご先祖様の影響もあるし、父が職業軍人だった我が家が、終戦後に同じように没落したことが大きい。

経済的には確かに苦しかったが、それは恥ずかしいことでもなんでもなかった。「お金よりも誇りのほうが大切だ」という精神性は暮らしの中に自然に溶け込んでいて、私にも知らない間に身についていたのである。誇りは恥と一対のようなものだが、「お金は天下のまわりもの。なくたって、どうってこともない」と思えたことは、本当に良かったと今でも思っている。

大転換に際してお金がなくなったのは、私のご先祖様だけではない。明治維新の頃の武士は皆、過酷な状況となった。だが、日本が近代化する第一歩を踏み出したとき、伊藤博文ら国を動かす男たちを支えたのは、多くの武家の出の娘たちだった。

彼女たちは家が没落したために花柳界に入ったが、誇りをもち、礼儀作法も教養もきちんと備わっていた。たとえば私が評伝を著した『純愛 エセルと陸奥廣吉』の廣吉の父である陸奥宗光は日本の外務大臣八代目であり、その妻・亮子は新橋一の芸妓だった。彼女は鹿鳴館の花と歌われたが、それは美貌ばかりでなく、英語を巧みに操り、新聞を読むという具合に、教養が備わっていたからに他ならない。

つまり家もお金も身分も何もかも奪われても、没落してしまっても、身についた品性や教養だけは誰からも奪われないし、価値が減ることもないということだ。それどころか、どん底に陥ったときに、身を立てる力となる。

鹿鳴館の花には遠く及ばないが、戦後お金がなかった時であっても、我が家には音楽や本、画集など、豊かな気持ちになれるものがあったし、それで十分に楽しかった。日本人はもともとお金よりも誇りや美意識を大切にする国民で、浮世絵が印象派の絵画に影響を与えたほど、優れたセンスを持っていたのだ。

経済的にいくら栄華を誇っていたとしても、明日になればどうなるかわからない。だからこそ、日本人はこれまで心の持ち方や生き方を大切にしてきた。

この伝統を、今こそ見直すべきではないだろうか。いざというときの備えをするなら、教養を身につけるのがいい。自分らしい教養ならば、怖いものはなにもない。

「自分の好きなこと」は本気でやる

教養を磨こうというとき、猫も杓子も英語を習うとか、歴史書を読むとか、決まりきったことをするのは早計である。英語や歴史が好きなら自由にやればいいが、嫌いなのに無理をすることはない。どんなことでも自分の好きなことを自分勝手にやるのが一番よく、そうしてこそ身につくというものだ。学問でもいいし、趣味的なものでもいい。自分が好きなことを極めていくのが教養の土台になる。

私とつれあいは「自分のことは自分で楽しむ」という感覚が似ているようだ。

彼は一か月に一度、鎌倉までお茶を習いに出かけていたが、お茶の延長なのか、しばしば花を生けるようになった。全くの自己流ながら、その風情がなんともいい。日赤通りで和花を扱う「花長」の店主と意気投合し、足繁く通っては季節の花を選んでくる。ある時は、私が好きで集めている焼き物に山吹をさっと活けたり、またある時は紫式部の実を酒瓶にあしらってみたりする。

どれも意表を突くセンスがあって、閉塞感がある毎日の中で目を楽しませてくれる。私も花が好きで、我が家において花を活けることは長らく私の持ち分だったが、つれあいが始めてみると、「へえ、この人にはこんな才能があったんだ」と驚かされた。

つれあいは凝り性だ。二人して気に入っている「春秋」という中華料理店が出す卵チャーハンの得も言われぬ美味しさに感激し、「卵とたっぷりのネギだけなのに、難しいなあ」と、あの味を再現しようと挑戦を続けている。

人にはいろいろな才能があり、それはもしかしたら、自分でも気がついていないものかもしれない。自分が得意なことを大事にせず、平気で捨ててしまってはいないだろうか。

「たかが花、たかが料理」となおざりにしてしまう理由は、経済効率で考えるからだ。すべての価値をお金で決めるから、せっかくの才能の芽を自分で摘み取ってしまう。

もちろん、壮年期はゆとりがないだろうし、養わなければいけない家族がいて、仕事と生活に追われている頃は、経済効率重視になるのもやむを得ないことはわかる。

だが、働き方が変わって思いがけずにたくさんの時間ができたら、話は変わる。あるいは定年を迎えても、膨大な時間がやってくるのだ。

時間ができた時、自分が好きなものがあれば、不安になったり惑ったりせずに済む。好きなことに打ち込むのは、お金を稼ぐよりはるかに尊く、とびきり楽しい。

老後を有意義なものにするためにも、お金に関係なく、自分の好きなものを自分勝手にやってみることだ。きっと、経済効率ばかりで忘れていた自分らしさが戻ってくる。


自分が本当に好きなこととは、子どもの頃に好きだったことだ。中学、高校の感受性が豊かな時代に「これがやりたい」と感じたこと、あるいは大人たちに「そんな夢みたいなことじゃ食べていけない」と言われて諦めたものを、もう一度やってみるといい。

私は足を痛めた際、リハビリ担当の理学療法士と親しくなった。会話の端々に「えっ?」と思うような感性が感じられたのだ。彼は写真が好きでとてもうまい。「夕焼けが好きなのよ」と私が話したことを覚えていて、一生懸命に夕焼けの写真を撮ってスマホに送ってくれたりする。それを見るたび、構図や色合いのセンスの良さに感心していたが、「子どもの頃から絵が好きだった」と聞いて、なるほどと膝を打った。

写真と絵心は通じるものがある。スマホの中にある絵の写真も見せてもらったら、面白い作品だった。目玉焼きという日常のものを描いているのに、生きているのだ。

「素晴らしい絵ね。もっと描かなきゃもったいないわ」

忙しくて絵を描く時間もないという彼に、私は強く勧め、描けたらその作品をもらう約束をしている。彼は五十代だが、忙しさと経済効率に巻き込まれて一生が終わってしまうのは、あまりにももったいない。

世界中、「何が起こるかわからない」という未知のウイルスに晒《さら》されたのだ。これを厄災でなく貴重な機会として立ち止まり、昔の自分を思い出すといい。命は永遠ではないのだから、何歳だろうと仕事が何だろうと、もう、好きなように生きればいい。

趣味は真剣に、仕事は楽しく

私はＮＨＫ文化センターで、二十数年「下重暁子のエッセイ教室」の講師を務めている。青山教室だが、生徒は東京近郊だけではなく、鶴岡（山形）、上田（長野）、浜松（静岡）、日光（栃木）と遠方からもやってくる。

教室では「物を書くことは恥をかくこと」を標榜《ひょうぼう》し、「私が教えることは何もない」と生徒たちには最初から伝えてある。私はただ一人一人の違いを見極め、それぞれのいいところを最大限に引き出す役割なのだ。

彼らは、私が思わず「まいっちゃう」と言いたくなるほどみんな文章がうまいし、東大、京大出身という頭のいい人も少なくない。いずれにせよ個性を発見し、もっと良くなるようにアドバイスすることは楽しく、私自身の勉強にもなる。だから四半世紀近くという長い間、続いているのだろう。

生徒たちを見ていると、熱心なのは男性のほうで、皆勤賞も珍しくない。女性は「風が吹いた、雨が降った」といってはすぐ休む。槍《やり》が降ろうと休まない女は、私くらいのものだ。

男性というのは凝り性だから、何かを始めたらはまる人が多い。仕事に打ち込む熱心さに勝るとも劣らない真剣さで趣味にも取り組む。だからカルチャーセンターであっても、脇目もふらずに熱心に通ってくるのだろう。


そんな教室も、残念なことに新型コロナウイルスで休みを余儀なくされたが、メール句会「あかつき」だけは続いている。もともと教室の有志でやっていた句会があり、私はなかなか参加できないために、あるとき「メールでやってみたらどう？」と提案して始まったものだが、まとめ役を買って出てくれた人がいて続いている。

コロナ禍であっても、社会とつながることは大切であり、趣味を楽しんだり交流したりする場がちゃんと用意されていたことは幸運であった。いや、幸運というよりも、まとめ役をしてくれている男性の熱意の賜物《たまもの》と感謝すべきであろう。

この話をすると、「カルチャーセンターでしょう？　趣味なのに、よくそこまでのめり込みますね」という反応もあるが、失礼千万というものである。趣味だからこそのめり込むのだし、趣味とは暇つぶしでもなく、いい加減なものでもない。

本当に自分の好きなものが趣味なのだから、命を賭けてもいいぐらいに真剣にやらなければならない。好きなものには一生懸命にならなくて、いったい何に一生懸命になるというのだろう。

仕事というのは、お金を稼ぐためにやらざるを得ない義務のようなところもあるが、趣味は自分が好きで選んで、自分勝手にやるものだ。それをいい加減にするなど、本末転倒だ。

「趣味は真剣に、仕事は楽しく」――この塩梅《あんばい》がちょうどいい。

これまで私もいくつか習い事をしてきたが、バレエでも歌でも、超一流の先生ばかり選んだ。趣味はまさに先生次第だから、変な人のところに行ったら変な癖しか付かない。どの先生が一流か、本物かを見る目を養うことも勉強になるし、趣味の醍醐味のうちである。

特に演歌からオペラまで大好きという私にとって、歌というのは特別な趣味だ。聴くばかりでなく自ら歌うのも楽しくてならないから、長いこといろいろ習ってきた。

オペラ歌手を目指してレッスンしていた高校時代は趣味という範疇《はんちゅう》ではないが、

大学時代にはまったシャンソンは、まさに趣味の習い事である。ＮＨＫの名古屋にいた若い頃は、局に出入りしていたプロ歌手にアルゼンチンタンゴを教わっていたし、六十歳にしてリサイタルを開いた時は、仕事以上に真剣に猛練習した。

「一流の先生に習うと、お金がかかりませんか」と尋ねてくる人がいるが、なんたる愚問か、好きなものはお金がかかって当たり前である。

ゴルフが好きでゴルフをするならお金がかかるし、ダンスが好きでダンスをするなら練習着や衣装やらに凝ってお金は出ていく。趣味は本来、お金がかかるものなのだ。

趣味を仕事にすることも、その気になればいくらでも可能だ。大きく稼ぐのではなく、楽しみにちょっぴりお金がついてくる感覚でやればいい。

「たかが趣味」という定義を改めよう。特に打ち込むことが得意な男性は、定年後が楽しくなるはずだ。

一人でできる楽しみを見つける

　不思議なことに、趣味というのは子どもの頃から好きだったものであるのと同時に、年とともに変わってくるようだ。

　私の場合、文学こそ自分の志というのは生涯変わらず、音楽が趣味というのも子どもの頃から変わらないと思っていた。事実、音楽は今も欠かせないもので、原稿を書いている時も何かしら聴いている。歌詞があると執筆の邪魔になるため、ほとんどがクラシックか、言葉が聞き取れないという理由でオペラに限られるが、空いた時間には最近の歌謡曲も聴き、ティーンエイジャー向けと思《おぼ》しき歌詞に深く共感したりする。

　だが、どういうわけかこのところ、だんだん絵が好きになってきた。

　職業軍人だった私の父は画家志望で、父の書斎はアトリエの様相を呈していた。私は小学校で病気になったこともあり、父の作品にも名画にも親しんで育った。

　若い頃、父に「おまえが絵描きになるなら、なんでもやってやる」と言われたことがある。戦後に没落し、何もかも失った父にお金はなかったけれど、画家の友人も多く、画壇にそれなりのコネクションがあったのだろう。何よりも失意の中で、自分の夢を娘に継いでほしいという思いがあったのかもしれない。

だが、若かった私は「父が願うようなものになってたまるか」という反抗心が強まるばかりで、それきり絵とは距離があるまま生きてきた。ところが、今になってたまらなく絵に惹《ひ》かれるのだから、不思議なものだ。

絵をみるのも楽しいし、俳句をやっているから、俳画を始めようと思っている。思えば、父は俳句も俳画もうまかった。絵心のある人は眼に見えるような彩りのある句が詠めるというけれど、父の句はまさしくそれだった。

趣味・嗜好《しこう》というのは人それぞれであって当然で、年齢を重ねれば重ねるほど、過去もあれこれが融合し、その人らしさが出てくる部分かもしれない。それなのに、テレビなどを見ていて、「これはひどい」と憤慨するのは、老人ホームの娯楽である。

全員で手を叩きながら歌ったり、お遊戯をしたり、折り紙やら習字やらをしたり、十把一絡《から》げに幼稚園児のような楽しみを与えられている。

全員揃って何かをさせたほうが、管理する側にとっては効率がいいし、人手もお金も少なく済むためだろう。しかし、老人という乱暴な括りで誰も彼も一緒にするのはひどすぎる。そもそも管理という言葉はおぞましいものだ。年齢という〝枠〟で大雑把に人を括る行為そのものであり、私は管理したくもなければ管理されたくもない。

仮に私が老人ホームに入って、若い職員たちからマニュアルどおりに「はい、おばあちゃん」という扱いをされたとしたら屈辱的で耐えられず、馬鹿にされているとしか思えないだろう。

全員まとめて老人扱いされることに憤るのは、私が自分勝手で特殊な人間だからではない。誰だってそんな扱いをされたら不快に決まっているし、「もう歳だから」「介護スタッフも大変だから」と卑屈になって耐える必要はないのだ。

人間には一人ひとり、それまで生きてきた人生というものがある。仮に認知症になっていて幼子のような言動しかできなくなっていようと、その人のそれまで積み重ねてきた人生はとても重いものだ。それを個として尊重しないのは、個々のスタッフや施設の問題というより、日本のあり方のようにも感じられて、本当に悲しく情けない。

老人ホームでどうしても何かを一緒にやるなら、スマホかパソコン教室がいい。これからの世の中にはそうした道具が必要だし、居ながらにして外の世界とつながれるから、実用性もあって有意義だと思う。

老人ホームに入ろうと入るまいと、死ぬまで一人で楽しめる何かを持っていたほうがいい。どんな場所でもたった一人でも、自分で自分を楽しませられる人は強い。

絵というのは、一人でできるからいい。書くこともそうだけれど、一人でできる楽しみを見つければ、思う存分、自分勝手の境地に遊ぶことができる。

スポーツ、ダンス、囲碁や将棋、趣味に良し悪しはないが、一人で楽しめるものは、一生楽しめる。絵三昧、読書三昧、歌三昧。誰もが去って一人になっても、自分勝手に死ぬまで三昧というのは最高ではないだろうか。

第3章

「自分勝手」のルール

自分と徹底的に付き合う

コロナ禍による自粛ムードで、人と接触する機会が大幅に減った。

今まで当たり前のようにしていた仕事、友人との会食、趣味の会やスポーツなどが、行いにくくなった。

人付き合いが減ると「手持ち無沙汰になる」「さびしい」「孤独にさいなまれる」という声もたくさんある。

確かに、行動がままならないストレスはある。しかし人との接触を控えざるを得ない状況だからこそ、自分とじっくり付き合えるのはありがたいことだ。

これまでの私たちは、あまりにも人に揉《も》まれてきた。誰彼がささやく言葉に右往左往し、人にどう思われるかという意識に振り回され、自分がどう考えているのか、自分が何をしたいのかを、おろそかにしてきた。

だが、自分勝手に生きるためには、自分で決め、自分でものを考え、自分で選択し、自分で決めて、自分で行動する力を備えなければならない。

もちろん、人と助け合わなければいけないが、最後の最後は「てんでんこ」となる。結局、どうするのか決めるのは自分自身だ。

正しく自分勝手になるためには、自分自身をよく知らねばならない。そして、外出自粛モードは、ある種のチャンスでもある。否応《いやおう》なしに自分と向き合う時間が、たっぷり取れたのだから。


結核だった私は、小学校の二年生と三年生は一日しか登校できなかった。人生でいちばん遊びたい盛りの年頃に、「ステイホーム」を強いられたのである。

結核は過去のものというイメージがあるかもしれないが、WHOによれば、今も世界で年間百七十万人が命を落としているという恐ろしい感染症だ。もちろん今はワクチンも治療薬もあるが、私が罹患したのは一九四〇年代。この病に対抗する決定的な薬が見つかっておらず、「よく眠り、栄養をとって、免疫力を上げる」しかなかった。

結核は空気感染するため、人との接触は禁物だ。まるで今の新型コロナウイルスと同じようなものだが、致死率はもっと高かった。

私の場合、入院せずに自宅療養が許されていたが、それでも接することができるのは、家族と家のお手伝いをしてくれるねえや、そして一日おきの静脈注射のために訪れる医師だけだ。感染の恐れがあるから、食事も一人でとらねばならなかった。

戦争中の我が家は一家で疎開し、奈良県の信貴山上にある三楽荘という旅館の離れで暮らしていた。私は小さな部屋をあてがわれ、ベッドがわりの卓球台に一人で横たわっていると、塀の外からは、遊びに興じる子どもたちの声が聞こえてくる。

周りの大人たちは、「なんてかわいそうな子だろう」と心を痛めていたと思う。だが、私自身はちっともかわいそうではなかった。むしろ、一人でいることが快く、楽しかった。

朝、昼、三時、夜と、自分で熱を測って記録するのが私の日課である。七度五分の微熱が徐々に上がっていくのは夕方から夜にかけてのことだ。微熱と倦怠感《けんたいかん》があっても子どもだから元気だし、動けないほどではない。そこで私は、父の本棚からこっそり拝借してきた本を読むようになった。夏目漱石、芥川龍之介。わからないなりにも、大人の本を読んでいる誇らしさがあり、物語の世界の豊かさにうっとりした。

父が集めていた世界の名画集も、繰り返しページをめくった。特に好きだったのは、今でも好きなアンリ・ルソーの作品。本の世界から想像の世界へと遊びながら、私はさまざまなことを考えた。

〃自分という友達〃がいたから、退屈はしなかった。やがて外から聞こえてくる子どもたちの歓声を「なんて幼稚なんだろう」と思うようになるくらい、満ち足りていた。この日々が私という人間をつくってくれたし、今でもどんなに役に立っていることか。


普段、ゆっくり考える時間がない人こそ、「ステイホーム」という、一見マイナスに見える自粛期間をプラスに変えてみてはどうだろう。

マイナスというのは、いつか必ずプラスになる。いや、自分でプラスにしなければいけない。それでなければ、幼い私であっても自分がかわいそう過ぎて、ダメになってしまいかねなかった。すべては自分次第ということである。

一日の中に「一人の時間」を必ずつくる

家族と暮らしている人は、ステイホームとなったら、一人の時間がいつにもまして少なくなってしまう。

また、一人暮らしであっても、友人や親戚と電話をしたり、ＳＮＳでつながったり、まるっきり一人の時間というのは、思いのほか少ない。

「一緒に暮らしていても、寝室は別。おのおの好きなことをしていて、顔を合わせるのは食事の時くらい」という、私とつれあいのような関係のほうが少数派だろう。

だからこそ、多くの人は意識して、一人の時間を持ったほうがいい。

一人の時間があれば、自分を見つめ直し、自分について考えることができるが、いきなり「自分について思索をする」というのは難しいと思う。

「さあ、自分について考えてください。よーいスタート！」と言われても、そうそう考えられるものではない。それならまずは、物理的に一人の時間を持つことから始めてはどうだろう。

目安は一時間。少しでも長いほうが望ましい。コロナ禍によってできないことが増えたが、それによって浮いた時間があれば、一人の時間にまわすといい。

もちろん人それぞれ事情は違う。子どもがいる、仕事がある、介護が必要な家族がいるなど、変わらずに忙しい人もいると思う。

だから十五分でもいい。一日のうち、一人でいる時間を決めよう。その時間は、絶対に一人で過ごし、テレビも消し、読書もしない。家事をするなどもってのほかだ。

そうやって物理的に一人の時間を持つようになると、いろいろなことを考えるようになる。最初はやるべきことや日常的な雑念ばかり浮かぶかもしれないが、やがて仕方なしに自分のことを考えるようになる。これが自分と向き合う第一歩となる。

私は、「考える時間を持つ」というのは、「一人の時間を持つ」こととイコールだと思っている。

付き合いを断ち切って単独行動する

自分を意識的に「一人」に放り込む方法として、いつも会う人や、なんとなくつながっている仲間との付き合いを断ち切ってみるといい。

定期的に電話をし合う友達、いつも集まるグループ、買い物だ、食事だ、映画だと誘い合っていた人たち、スポーツクラブに一緒に行く仲間。そういう付き合いを、いったん切ってみるのだ。

緊急事態宣言が出たあと、「感染防止のためにスーパーには一人で行きましょう」と盛んに言われたが、翻って考えれば、それまでは誰かしらと買い物に行っていた人が大勢いたということだ。

買い溜めをするので荷物が多い、子どもが小さいという、一人で買い物に行けない理由もあろう。だが、全員が全員、理由があって連れ立って買い物に行っていたとは思えない。「なんとなく連れ立って買い物に行く習慣だった」という人もいたはずだ。

食料品や日用品など買い物は一人で行くけれど、衣料品や贈答品を選ぶという買い物の場合は、誰かと誘い合って出かけるという人も少なくない。女友達と連れ立ってバーゲンに行き、食事とおしゃべりをするのが娯楽になっている人もいる。

そういう人は、「一人じゃできない」ことが多い。

「一人ではカフェに入れない」

「一人で映画館には行けない」

若い人たちは単独行動を好むというから、世代的なこともあるのかもしれないが、一人が苦手で、必ず友達や家族、あるいはつれあいと行動したがる女性は多い。そういう人こそ、ぜひこの機会に、一人で行動するレッスンをしてほしい。

私は「買い物なんて一人でするものだ」とはなから思っているし、誰かと一緒に行くほうがおかしい。自分の着るものを買う場合、自分に似合うものを一番よくわかっているのは自分だ。

ついでに我が家の話をすれば、つれあいも私も、自分のものは自分で買う。たまたま一緒に出かける用事があって、「服を買おう」となることはある。それぞれ自分のものを見ていて、つれあいに「この色、どうかな?」と聞かれたら、意見ぐらいは言う。だが、基本的には自分が好きなものを勝手に選べばいいと思っている。

夫のもの、子どものものまで買う女性は多いが、男だろうが女だろうが、自分のものは自分で買うのがいい。幼い子どもや孫ならいざ知らず、子どもだってある程度の年齢になれば、自分が着たいものを好きなように選べばいい。それは自分勝手に生きるためのレッスンにもなるのだ。

私はそもそも一人に慣れていて、無意味な社交よりも孤独を好む。

これは少数派らしく、たいていの人は常に人と会ったり、絶え間なくあれこれ話したりしている。だから「一人の時間を持つ」と聞いたとたん、拒絶反応が出るのだろう。

「おしゃべりの時間は大切なコミュニケーション。これがなくなったらどうしよう」

「一人なんてさびしい。耐えきれない」

ところが、本当に一人になってみると、さほどさびしくはないものだ。

また、危機的な状況になり、まったくの一人になったとしたら、「さびしい」と嘆いている余裕はなくなる。「自分しかいないのだから、自分でなんとかしなきゃ」と腹を括らざるを得なくなるのだ。いざという時のために、この強さを備えたい。それでこそ自分勝手になれる。

慣れない単独行動は、最初は落ち着かないかもしれない。居心地が悪いこともあるだろう。

それでも意識的に続けていくうちに、自分のペースができてくる。セーター一枚を買うにしても、自分で選ぶなら、「もう一人の自分」と相談することになる。この繰り返しで、一人で考え、決断する練習もできる。

さらに嬉しいのは、一人で行動できるようになると、実は面倒なだけだった人間関係や、いらないしがらみがあったことに気がつくし、断ち切ることもできる。これは大いに結構なことだ。

人の顔色ばかりうかがっていたら、自分勝手を貫くことなどできはしない。

散歩に目的地はいらない

一人の時間を過ごす際、一番いいのは散歩である。お金もかからないし、考えごともできる。

散歩というと、「健康にもいいですよね」と言う人がいるが、勘違いをしてはいけない。そもそも散歩というのは歩を散らすことだ。目的を持たず、あてどなく、ダラダラ、フラフラ歩くというのが正しい。

「姿勢良く、腕を振って、大股で一日八千歩！」などと目標などを決めたら、もはや散歩とは言えない。体を動かして元気になるという目的を持った時点で、健康のためのウオーキングという、まったく別のものになってしまう。

そして忌憚《きたん》なく言わせていただくと、私は散歩が大好きだが、ウォーキングはまったく面白そうに見えないし、やりたくもない。

自分勝手になるための散歩は、無目的かつ一人でなければならない。

目的を持ってもいけないし、家族や友人、近所の人と連れ立って歩くのもいけない。誰かと一緒では「歩きながらのおしゃべりの時間」になって、散歩ではなくなる。

また、犬を連れて歩いている人もたくさんいるが、それは〝犬の散歩〟であって、〝飼い主の散歩〟ではない。犬に運動をさせたり、用を足させたりという時点で目的ができてしまっているし、犬連れの人がいると挨拶をし合ったり、立ち話をしたりするのは始末に負えない。いつも顔を合わせる〝犬友〟と犬の話で盛り上がるようでは、一人の時間が持てるはずもない。犬友同士の人間関係のしがらみが出てきたら本末転倒だ。

自分勝手のための散歩は、ただ家を出るだけ。私は歩きやすい靴を履き、身軽な服装で出かける。持ち物は鍵とスマホのみ、それもポケットに入れるから手ぶらだ。財布だのハンカチだのはもってのほか、〝散歩用の小さなバッグ〟など決して持たない。

その日の気分で、足が向くまま、一、二時間ほどフラフラ歩く。まさに自分勝手に歩く、それでこそ真の散歩である。

無駄こそが感性を磨く

「今日はいつもと違う道を通ってみよう」

私はそんなふうに散歩をするが、それが楽しくてたまらない。歩き出して、知らない道があると、必ずそちらに行く。散歩コースはないし、いつも通る道は避ける。

私は何年も同じ街に住んでいるが、それでも近所に知らない道はたくさんある。

「ここはいつも通っているけれど、曲がったことはない」というところに足を踏み入れると、驚くような大豪邸が忽然と現れたり、いつの間にかできていた面白い建築を発見したり、行き止まりになっていたりする。その行き止まりの日だまりで猫が遊んでいたりすると、それだけで嬉しくなって、一緒に遊ぶ。

「よっぽど暇なんですね」という人もいるが、実を言えば忙しい。だが、仕事が重なっている時でも、日に一、二時間は捻出する。暇とは自分でつくるものである。

今は逆に、コロナ禍で働き方が変わったり、リタイアしたりして、「突然、時間ができて持て余している」という人も多い。そういう人は、時間も決めずに歩くといい。

フラフラ目的もなく歩き、「まっすぐ歩こう」と思っても花の香りがしたらそちらに寄り道し、花を見るはずが、気が変わったら回り道もする。これは無駄なことだ。

だが、無駄はしないという人は面白くない。私など、無駄しかないような人間で、無駄に興味を覚えるし、無駄な部分が一番、自分らしいところだと思っている。

ほとんどの人は、仕事でも家のことでも、必要なことばかりしてきたと思う。だが、面白いものは無駄の中にある。自分らしさは無駄と遊びによって見つかる。

一人の散歩は、無駄なことをして、一人遊びを楽しむ時間でもある。目的のない無駄な散歩は、結果として自分の感受性や感覚を磨いてくれる。

その点を考えてみると、人と会ってなんとなく話していても、感受性や感覚は磨かれない。つまり、充実しているように感じる社交的な時間のほうが無意味で、あてどない散歩のほうが、よほど実になるということだ。

新しい発見は自分勝手の特権

どういうわけか、指示がないと行動ができない人が多い。コロナ禍においても、「政府に明確な指針を出してほしい」「専門家に正しいことを教えてほしい」という声がずいぶん聞かれた。誰かに言われたルールに従うことに、すっかり慣れてしまっているのだ。

散歩にしても、「無駄にふらふらするなんてできない」という人、どうしても理由をつけたい人は、お総菜を買って帰って来てもいい。

ただしその際は、行きと帰りで違う道を通ること。

私は郵便を出しに行く時も、わざと遠い郵便ポストまで行く。違う道を、遠回りして帰宅することもある。そうすれば、何かしら新しい発見がある。

慣れの中に発見はない。なぜなら同じ道を通るとき、人間は「もうわかっている」と思ってしまう。知っているとたかを括っているから、じっくり周りを観察することもなく、淡々と歩いて終わってしまう。

その点、慣れていない道や行きと違う道を通ると、あれこれ見るし、あれこれ感じる。音にも敏感になるだろう。そうすると何かしら、新しい発見がある。

黒柳徹子さんは好奇心旺盛で、常に新たな発見をしている人だ。子どもの頃のことは大ベストセラーになった『窓際のトットちゃん』(講談社)に詳しいが、昔からさまざまなことに興味を抱いていた。小学校の授業中、ちんどん屋さんが外を通れば窓辺へ駆け寄ってかじりつき、「まあ! へえ! あら!」という具合だ。

そして今も、人や世界の出来事に対して「まあ! へえ! あら!」と目を輝かせる。側で見ていても、黒柳さんはいつでも「まあ! へえ! あら!」と言っている。

黒柳さんには及ばなくても、一日に一回、「まあ! へえ! あら!」と言えるものを見つけるといい。

子どもの頃の私は、結核がよくなって小学校に通い始めても、周囲になじむことができなかった。本ばかり読んでいて自分ではすっかり大人になったつもりの私には、田舎の子供たちはあまりに幼稚に見えた。彼らにしても、都会から疎開してきた病弱かつ生意気な女の子とは、付き合いたくなかったのだろう。

遊ぶ友達がいなかったので、放課後になると毎日のように一人でふらふらと散歩をし、さまざまな発見をした。

お気に入りは大和川で、土手に座り、長いこと河原を眺めていた。川べりに広がるたくさんの丸い石。降り立っては飛び立ちを繰り返す千鳥。

千鳥が繰り返し同じ場所に戻ってくるので、「なんだろう?」と行ってみると、河原石にそっくりな、砂色の卵があった。

せっかく親が温めに来ているのに、隙を見て掌《てのひら》にそっと載せ、自分で孵化《ふか》させた鳥を飼ったらどんなに可愛かろうと想像した。そこはまだ子どもで、親がかわいそうだとか、野鳥を孵化させられるはずもないなど、考えが及ばない。

大事に持ち帰っていたのに、途中でぐしゃりと潰れてしまった卵から出てきた、薄黄色の液体の生温かさ。生まれる寸前の雛《ひな》に見えた、黄色い液体に混じった黒。あの不気味さと罪の意識は今でも忘れられないし、「命とはなんだろう?」と考え、さまざまなことを感じた時間だった。

人から教え込まれたり、人からこうしなさいと言われたりしたことは何も覚えていないが、自分で感じたこと、自分の内側から出てきたことを忘れることはない。

子どもの感受性を忘れかけていても「まあ！　へえ！　あら！」は見つかる。田舎や観光地に行かなくても近所でいい。ただ、慣れない道に行くだけでいい。

東京なんてあっという間に変わる。知らない間に家ができていたりするのを見るだけでも面白いし、季節を知らせる花は、桜だけとは限らない。

路地のアスファルトの割れ目に咲くタンポポ、日陰に密生するスミレ。そうした小さな発見が、今日の「まあ！　へえ！　あら！」となる。

道端のタンポポなど、誰も気に留めないかもしれない。だからこそ、私しか知らない発見みたいなもので、嬉しくなる。

自分で自分を楽しませる

一人の時間を持つことに慣れると、一人遊びに慣れる。小さな発見をしたり、近所に住み着く地域猫と仲良くなったり、ささやかであっても、自分で自分を楽しませる工夫ができるようになっていく。

自分で自分を楽しませることができるかどうか。これは自分勝手に生きるうえで欠かせないものだ。自分の感情を整えるという「自律」なくして、自分勝手は成立しないからである。

自分の気持ちは自分だけのもので、誰かが楽しくしてくれるわけではない。それなのに、友との食事会、演劇やコンサート、スポーツイベントなどの娯楽や人間関係に「楽しさ」を求めていたら、他者抜きに楽しむことができない、弱い人間になってしまう。

自分勝手に生きるなら、強くなくてはいけない。たった一人で閉じ込められても、いろいろな制約があっても、なんとか工夫して楽しめる人。それが、本当に強い人だと私は思う。

また、誰だって普通に生活をしていれば、満たされないこともあるだろう。傷つくことも、怒りを感じることもあるだろう。しかし、そのやり場のない気持ちとて、誰かになんとかしてもらうことはできない。

怪我をしたら病院に行き、虫歯が傷めば歯医者に行けば治療してもらえる。しかし、病気というほどでない不快な心持ちは、そうもいかない。日々のいざこざや感情の波立ち、不安や恐怖を、「なんとかしてください！」と訴えたところで、誰も面倒はみてくれない。最後は自分で引き受けるしかないのだ。

だから私は一人の時間を持ち、一人遊びを満喫している。

自分の気持ちは自分の責任。気持ちというのは自分のものだ。誰の気持ちでもないわけだから、自分で責任を持たなければいけない。

自分で自分を楽しませる力を持ったそのとき、初めて、自分勝手に生きられる。

自分の気持ちを知っておく

自分の気持ちを整え、自立するためには、自分の気持ちを知っておくといい。「今日は落ち込んでいるな」とか「今日は気分が良くてやる気がある」とか、自分でわかっていてこそ、行動に反映できる。

気持ちというのはもやもやと形がないこともあるから、言葉にできれば把握しやすくなる。こういうと、たいそう難しく聞こえるかもしれないが、それには「自分なりの言葉」を持つ練習をするといい。

練習は簡単なものから始めよう。たとえば「今日の天気」はどうだろう。私はテレビを見ていると、「なんで言葉の勉強をしないのか?」と、感じる。特に天気予報は、みんな同じことしか言わないワンパターンだ。

「今日は洗濯物がよく乾くでしょう」

「一日中晴れて、お布団が干せます」

こうした言い回しを聞いていると、自分もアナウンサーだったから、余計に腹が立つ。夫婦二人とも働いている家が多いし、住環境も変わっている。浴室乾燥を使う人だっているし、帰宅が夜になるので「かんかん照りでも部屋干し」という人もいるだろう。

マンションは布団が干せないところが多いし、誰も彼もが布団干しの心配をしているわけでもあるまい。だからテレビの天気予報を見るたびに、「なんて勉強不足なんだ、他に素敵な表現がいくらでもあるだろうに」と腹を立てている。

だが、腹を立てたところで仕方がないので、「自分なら、どう言うかな?」と窓の外を眺めてみる。そうやって、今日の天気を自分の言葉にしてみることをおすすめする。特別に洒落た言い回しをしようと、無理をすることはない。

「子どもの頃の夏休みを思い出すような太陽」といったごく普通の言葉でも、自分らしければそれで構わない。天気だけでなく、身近なことを自分の言葉にしてみたら、自分の気持ちも言葉にしてみよう。

感動は人にもらわない

テレビを見ていて「言葉を考えていないな」と思うのは天気予報の他にもあり、特に気になるのは「感動を与えたい」という言葉だ。

「精一杯プレイして、見る人に感動を与えたい」

スポーツ選手がインタビューなどで答えている様子を見るにつけ、「よくもこんな厚かましいことが平気で言えるものだ」と呆れる。最近の言葉で一番嫌いなものと言ってもいいくらい。

感動は人から与えられるものではなく、自然に自分が思うものだ。自分のうちから湧き上がってくる感情まで他人に決めつけられたら腹が立つ。

それなのに、怒るどころか何かにつけて「感動をありがとう!」などと言う人もたくさんいる。誰かに恵んでもらわなければ感動できないほど、心が貧しくなっているのだろうかと不思議でならない。

これはちょっとしたことのように見えて、怖いことだ。感動はスポーツ選手のような選ばれし者が与えるもので、人々はそれをありがたく受け取るという発想は危うい。誰かにコントロールされるのが平気になってしまうと、「楽しませてほしい、安心させてほしい、指針を示してほしい」と、すべてに対して受け身になる。

完全にいい気分にさせてくれる他者などいないし、ましてやこの国のリーダーたちは、「安心させてもらおう、指針を示してもらおう」と頼ってしまったら、共倒れになる。お金のことばかり考えていて、理念も覚悟もない人たちをあてにしてはいけない。

こんな時代だからなおのこと、意思も感情も、自分から出てくるものだと心得ておこう。誰も楽しませてくれないし、感動させてもくれない。守ってもくれないし、安心させてもくれない。この覚悟で自分勝手に生きることが自分のためになる。

「感動をありがとう」などと情けないことを言わず、自分で自分を感動させ、自分で自分を楽しませよう。そうは言っても、大上段に構える必要はない。身近なことでも自分を楽しませる方法はたくさんあるし、その延長で自分の頭で考えることもできるようになっていく。

手始めに、おしゃれで自分を楽しませてみるといい。

「外出自粛で、誰とも会わないから」と身なりに気を使わなくなる人がいるが、一緒に住んでいる人とは会う。たとえ一人暮らしで閉じこもっていても、毎日、自分とは会うはずだ。それならば毎日違う好きな服を着て、おしゃれをしよう。

私は服や小物が好きで、昔からスタイリストなどの手は借りず、自前で用意している。外出しない日も好きな服を着て装うのが好きだし、人前に出る時もそれは同じだ。

今でもテレビ出演の際にはあれこれ工夫し、ちょっと変わったブローチをつけたりする。自分が好きで楽しんでいるのだが、それが自然と伝播するのか、放送直後に「たまたま見てたんだけど、あのブローチはすてきだったわね」と、友達から電話がかかってきたりする。

その時につけていたのは大昔に買った黒いブローチで、子どもの掌ほどもある大きなものだ。人の顔になっているのが珍しいのか、ずいぶん前にそれをつけて歩いていると、出くわした知らない人に、「あら、そのブローチ、いいですね。どこでお買いになりました?」と聞かれたことがある。

感動なんて与えなくていいし、与えられなくてもいい。自分が好きで楽しんでいるものが、たまたま「なんだかいいな」と誰かに伝わるくらいがちょうどいい。

おしゃれは自分勝手の際たるもので、私は人と違う、ちょっと珍しいものが好きだ。メキシコオリンピックのお土産だとNHKの先輩が贈ってくれた、青銅の大振りのブローチ。蟬《せみ》や蝶など昆虫のモチーフも好きで、蜘蛛《くも》のブローチをアルマーニで見つけたときは、飛びつくようにして買った。まさに自分らしくいられる好みの品で、つけていてどれも楽しい。

「感動をありがとう」というスポーツにはとんと興味がないが、自分勝手におしゃれをした知らない者同士が、「あら、素敵ね」とさりげなくほめて、そのままニコッとすれ違う。こんなエールの交換なら悪くないと思う。

自分で考えてつくり出す

気ままに外出ができない、旅ができない、マスクや消毒をしなければいけない……。あれこれと制限があるのは心地よいことではないが、考えようによってはいい機会にもなる。私がそう実感できるのは、エジプトでの経験によるものだ。

一九七七年の春、つれあいが特派員として中東に行くことになった。「居場所があるなら」と、私も仕事を休んでエジプトに滞在したのだが、日本で忙しくしていた私にとって、あの半年は何もかもが日本と違う、面白い経験だった。

特派員の奥さんたちと一緒に過ごすことも多かったが、仕事もなければ遊びに行くようなところもそうないから、みんな時間はたっぷりとある。

あるとき、雨も降らない砂漠の土地で、わざわざ「お月見をしよう」という話が出たのは、退屈だったたのと、エジプトの月がくっきりと大きく見事だったたのと、郷愁もあったのだと思う。

なにしろ四十年以上前の話である。グローバル化して世界中のどこからでもインターネットでものが買える今とは違って、日本の食材など簡単には手に入らない。そこでみんなであれこれと、知恵を絞ることになる。

料理上手の奥さんが「お団子は、おイモの粉で作ったらどうかしら?」と言い出し、「じゃあススキはどうする?」とみんなで一斉に考え始める。あれはどうか、こうしたらどうかと言い合いながら細い枝を飾ったりして、なんとかお月見のしつらえとなった。その様子を眺めていて、私はつくづく思った。

「何もなくなるというのは、人間の頭で考えて、何かをつくり出すことなんだ」と。

ものがあふれ、何もかも便利になると、私たちは選択しかしなくなる。

「チョコレートもおまんじゅうもケーキも手に入るけど、どれにしよう?」と、好きなものを選んでおしまいだ。だが、何もなかったら、ゼロから工夫してつくることになる。それは不便なことではあるけれど、自分で考えてつくり出すというシンプルな喜びを取り戻す、絶好のチャンスでもあると私は思う。

自分勝手でいようと思ったら、つくり出す能力を失ってはならない。

「ちょっと待てよ」の精神を持つ

今のテレビは、お笑い芸人が全盛である。お笑い番組ばかりかニュースにも情報番組にも、お笑いさんたちが必ず出演している。

私も共演したことがあるが、彼らはたしかに面白い。機転がきくし、頭の回転が速い。いわゆる一流大学を出ている人もたくさんいるし、ものすごく勉強をしている人も少なくない。一番注目されている分野だから、才能がある人が集まってくるのだろうし、そのなかで抜きん出るために切磋琢磨しているのだろう。

視聴者の反応も、ものすごく速い。コロナ禍以前は、番組に観客が入っていることもよくあった。そこでお笑い芸人が何か言うと、観客は即座に笑う。下手をすれば言いかけた途中で、スタジオにいる全員がどっと笑い出す。

「ちょっと待てよ」が、一切なく、半ば条件反射のように笑っているのだ。

本当に面白い話なら大いに笑っていい。だが、たいしたことのない話でも、むしろさっぱり面白くない話でも、全部に対して全員がすぐに笑うのが、私にとっては不思議だし不気味だ。

こうした光景は珍しいものではない。グルメ番組を見ていれば、タレントが何かを口に入れて、ろくに嚙みもしないうちに「おいしい！」と叫ぶ。いったいどんな舌を持っているのか疑わしい。

街中でも、居酒屋などで上司が若い部下と飲んでいて、似たことが起きているのを見かけた。上司が何か言うと、社員たちが一斉に笑うのだ。特に男性社員は、揃ってはしゃいだ笑い声を立てていた。

「ちょっと面白くないな」と、そっと抜け出し、こっそり帰ってしまう人が一人くらいは混じっているのが正常だろうと思うし、側で見ているだけでも実に気持ちが悪い。

察するに、みな「立ち止まって自分の頭で考える」という習慣が抜け落ちているのだ。一人の時間を持たず、自分のことを知らない。だから自分にとって何が面白いか、何がうまいか、何に感動するかわからず、ただなんとなく反応している。

考えてみれば、「即座に反応しないとノリが悪い」とか「スピードが速ければ速いほどいい」という風潮に流されているのだろう。今は仕事だろうと乗り物だろうと出前だろうと、「速ければ速いほど」いいとされている。そのために「一拍おいて考える」という営みが、抜け落ちてしまったのだ。

何も考えずに反応したり、周りに合わせてとりあえず笑ったりという態度が、命取りになることもある。

「この危機的状況には強いリーダーが欲しい」と言う人もいるが、リーダーが言ったことに何も考えずに従っていたら命取りになる。リーダーが常に正しいというのは錯覚であり、愚か者もリーダーになる。戦争はその実例だ。

つまりコロナ禍のような危機は、ただ反応したり、誰かに闇雲に従ったりするのがどれだけ危険かを、改めて認識するタイミングと言える。

だから何かあったら「ちょっと待てよ」と立ち止まり、一度、自分の頭で考えるといい。反応をやめて、反芻《はんすう》してみる。そうした練習を日頃からしておくことが大切だし、自分一人の時間を持つとは、反応せずに反芻する時間を持つことでもあるのだ。

自分がしっかりした考えを持っていれば、愚か者に惑わされることもない。

逆に言えば、不安なニュースにいちいち大騒ぎをしても始まらないし、デマかどうかも吟味せず、何でもかんでも信じてしまうのは情けない。そのデマを「大変です！」と大騒ぎしながら人に言って歩いたり、「皆さんにもお知らせします」とばかりに、メールだのＳＮＳだので無責任に拡散したりするなど、愚の骨頂だ。

何かがあったら、何かしら感情は湧いてくる。それは自分の感情だ。楽しさも面白さも、悲しみも不安も、さびしさも憎しみも、まずは自分で受け止めよう。そして自分の感情は自分で処理しよう。

自分から出てくるものを、自分で処理するのは当然のことだ。

「待つ」という強さを身につける

日々、あらゆることに即座に反応する癖がついていると、待つことが苦手になる。待てない人は、明日起きることも、来年起きることもあらかじめ把握しておきたいと思うし、すぐに予定が示されないとイライラするようになる。

コロナ禍に人が苛立つのは、「終わりが見えない」という点も大きい。これが仮に天気予報のごとく、「この新型コロナは、九月の初旬には山を越えておさまるでしょう」となれば、苛立ちはずいぶん軽減されるに違いない。見通しが立たないので、みんなストレスを募らせている。

しかし、何事も見通しが立って結果がすぐに出るというのは甘い考えだ。私たちは科学と情報の時代に生きていて、世の中にはわからないことなどないし、全部の答えはすぐに出てくると思っているが、科学で解明されていることはごく一部に過ぎない。

世の中にはまだ未知なるものがたくさんある。結果が出るまでじっと待つ。この強さを備えることも、自分勝手を通すために役立つ。

小学生で結核になり、閉じこもり生活を余儀なくされていた頃、私の唯一の友達は蜘蛛だった。講演で話したり、本にも書いたりしているのでご存じの読者もいるかもしれないが、本書でも蜘蛛の辛抱強さについて改めて記しておきたい。

戦時中、しかも疎開した山の中にある家だから、蜘蛛は部屋のそこかしこをチョロチョロとはい回っていた。「気持ちが悪い」という人もいるが、一人で部屋にいる私にしてみれば、蜘蛛といえども近寄ってきてくれる貴重な生き物である。

蜘蛛が見せてくれるきれいな網を眺めることほど、楽しいことはなかった。夕立のあとは軒端に張った蜘蛛の巣に雨滴がきらきらと輝いて、実に繊細な美しさだった。

観察していて気づいたのは、蜘蛛というのはものすごく辛抱強いということだ。自分から獲物を探しに行くのではなく、自分なりの網を黙々と作り上げ、そこに獲物が来るまで、じっと待っている。

待ち伏せ作戦をしている間、蜘蛛の姿は見当たらないが、獲物が掛かったとなると、もう、その素早さには息を呑《の》む。あっという間に獲物のそばにいて、しっかりと捕獲するのだ。

病気になり、何かしたくても思うようにならず、外へも行けず、ただじっと治るのを待っているしかなかった私は、蜘蛛のその姿に惹かれた。待ち続ける辛抱強さ、自分のペースで巣をつくり続けるしたたかさに、いつしか自分を重ね合わせていた。

病が癒えたのちも、待ち続けることは続いた。大学を卒業する際、文章の仕事に携わりたかったが、私が就職した当時はほとんどの出版社で女子の採用がなかった。そこで言葉にかかわりがある仕事ということでNHKのアナウンサーになったが、「文章の仕事がしたい、物を書きたい」という気持ちは消えなかった。

長いことたって、やがて本が出せるようになったが、それは「元NHKのアナウンサーが書いた本」という括りで私の本意ではなかった。それでも物書きになりたい気持ちは消えず、しこしこ百冊近く書き続けてきたが、ようやく納得のいくようなものが書けるようになり、ベストセラーも出たのは七十八歳になってからだ。

私は根気なんて持っていない。楽天的なところがあるので、「そのうちなんとかなるだろう」と思っていたのかもしれない。だが、今振り返ってみると、結果というのは焦って出そうとするものではなく、自然とあちらからやって来るものだと感じる。

ただし漫然と待っていても、結果はやってこない。獲物が網にかかったらサッと現れる蜘蛛のごとく、何かチャンスが来たら、ぱっと食いつく準備はしておかなければいけない。蜘蛛は黙々と糸を吐いて網を張り巡らせ、私は黙々と書き続けた。不安を忘れるくらいに持続する志があったから、自分なりの獲物を手にできた。

もしも同じように何か志を持っていて、子育てや仕事に忙しくてそれをできない人がいても、「やりたい」という気持ちを自分の中に溜め込んで待ち続けていたら、いつかやれる時も来る。そしてやり始めれば、忘れた頃に結果がやってくる。

大切なのは、結果がなかなか出ない、先が全く見えない状況下でも、焦らず、不安に揺れずに、今を一生懸命に生きることだ。それが「待つ」ということである。

踏みとどまって考え、とっさに判断する

コロナ禍が長期戦となり、世界中の国々はいわば板挟み状態にある。

「外出自粛による感染予防か、経済活動か」の狭間で揺れているのである。

だが、通常と違う時や非常時の行動によって、その人の品性があぶり出される。

必要以上に動揺したり、何も考えずに誰かにつられたり、情報に振り回されて衝動的になってはいけない。そうならないために大切なことは二つある。

一つは、「ちょっと待てよ」と踏みとどまって考え、自分の感情は自分で処理する習慣をつけること。

そしてもう一つは、考える時間もない本当の緊急時でも、とっさの判断ができるように日頃から訓練しておくことだ。

自分一人の時間を持ち、普段から自分を知っていれば、この両方ができるようになる。一人ひとりがこの二つを兼ね備えれば、自分勝手に行動しても、社会は秩序を保つことができる。

誰かの指示に従わずとも、個人個人が自分の判断で適切な行動をとった結果、全体の状況も良くなる。これが自分勝手の理想系とも言える。

二〇二〇年春の感染拡大時、欧米は一斉にロックダウン（都市封鎖）となった。経済活動はストップし、自宅待機するように国が強い規制をかけたヨーロッパだが、スウェーデンは、独自の対策をとった。パンデミック中でも都市機能は通常どおり、国による規制が一切なかったのである。

「各自の判断に任せる」というスウェーデン・モデルは、当初「大人の対応だ」と称賛されたものの、感染拡大と高い死亡率という残念な結果になってしまった。だが、スウェーデン・モデルを単なる失敗として切り捨てる前に、注目したい点もある。

先日、ウェブで面白い記事があると編集者が教えてくれた。「ニューヨークタイムズ」の記事を東洋経済オンラインが紹介しているものだ。

記事によると、コペンハーゲン大学が二〇二〇年の三月と四月の消費傾向を調査したところ、行動が制限されていたデンマークも行動が自由だったスウェーデンも、支出は減少傾向にあった。つまりみんな買い物を控えていたということだ。

そして七十歳以上の高齢者においては、自由に買い物に行けたスウェーデンのほうが、自粛を要請されていたデンマークよりも支出が減っていた。要するに、スウェーデンの高齢者たちは、規制がなくても各自がちゃんと判断し、まさに〝自分勝手〟に、外出を自粛していたのである。

国による規制をせず、「国民全体が集団免疫を獲得する」というスウェーデン・モデルは、パンデミック対策としては賛否両論だが、この国の高齢者たちが、自己判断で適切な行動をとったということは紛れもない事実だ。

本来、自粛とは自分の意思でやるものだ。「国に言われたから自粛する」というほうがおかしい。慌てず騒がす、自己判断で適切な行動をとる。これぞ品性ある自分勝手である。

とっさの時にあぶり出されてくるのは、日頃からのその人の思考や行動、品性、そして度胸だ。日々自分と向き合い、考えていれば、度胸も身についていく。反応せずに反芻する姿勢が備わっていれば、いつだって落ち着いていられるためだ。

二〇一一年三月に発生した東日本大震災の際、東京も相当に揺れた。私は自宅におり、大きく揺れたとたんに頑丈なテーブルの下に潜ったが、やはり自宅にいたつれあいは、壁に備え付けのキャビネットを必死で押さえていた。耐震の留具はついているものの繊細なグラスなどが収められていたためだが、いかに大切な収集品でも、命に勝るものはない。「馬鹿じゃないの！」と私は一喝し、一緒にテーブル下に潜った。

私がどんな時にも落ち着いていられるのは、非常時こそ冷静でいなければ役に立たないという、仕事を長く続けてきた職業柄でもある。しかし、度胸がすわっているのは、幼い頃から一人の時間を持ち続けてきた賜物でもあるのだ。

とっさの時に自分を守れてこそ、自分勝手になれるというものだ。

想像力をたくましくする

私はわりに我の強い人間なので、自分にしか興味がない。「人は人」だと思っており、噂話をする人や、陰口を叩く人がさっぱり理解できない。誰が不倫をした、失言をしたと大騒ぎする風潮もあるが、なぜ、それほどまでに人に興味を持つのか、不思議でたまらない。関係ない赤の他人が、どこで何をしようと一向に構わない。

私にもつれあいがいるけれど、たまたま一緒に住んでいるだけの話で、よその人同様に他人である。子どもは作らなかったが、仮にいたとしても「たまたま自分のところへ生まれてきただけで、いずれ社会に戻すものだ」という考えだ。

他人に興味がないぶん、「自分ってどういう人なんだろう」と、自分自身についでは汲めども尽きぬ興味がある。これは子どもの頃からだ。

『家族という病』（幻冬舎新書）を書いたとき、「みんな、いちばん身近な存在である家族を知らないな」と思ったが、書き終わってみて気がついた。自分にとって家族以上に身近な存在は自分自身であり、その自分についてあまりにも知らないということを。

人の一生は長いと言ってもたかが知れており、一番身近な自分が、自分に興味を持たなければ、自分がかわいそうだ。考えるまでもなく自分はこの世に一人しかいない。一人の時間が増えたこの機会に、ぜひ自分にもっと興味を持ち、自分を知ってはどうかと思う。

「自分にしか興味がない」というと、ナルシシストか利己主義者だと誤解されかねないが、私にとって自分を知るとは、外の世界や他者とつながる最良の手段である。

世の中に二種類の人がいるとすれば、外に目を向けることで外とつながっていく人と、自分に目を向けることで外とつながっていく人だ。

これはどちらが良い・悪いという話ではなく、私は後者だということだが、自分を知ることによって想像力が働き、他者への思いやりも生まれると感じている。

たとえば、親しい人が大失恋をしたとして、その人と相手との事情をつぶさに聞き、ひたすらその人の気持ちを推しはかっても、自分自身が恋をしたことがなかったなら、つらさを理解しようというのは難しいだろう。

だが、自分も大失恋をした経験があり、その痛みをまざまざと知っていれば、自分自身の痛みを通して相手の痛みを感じ取ることができる。

これが自分を通して相手を知るという、他者とのつながり方だ。

挫折したことがある人は、挫折した人の気持ちがわかるし、爆発的に嬉しい思いをしたことがある人は、相手の嬉しさがわかる。自分を深く理解すれば、自分の感情を元に想像力を働かせて、相手の気持ちを慮《おもんぱか》ることができるようになるのだ。

翻って考えれば、自分の中に痛みや悲しみや喜びがない人は、いかに相手の側に寄り添って、あらゆる話に耳を傾けようと、それは外側の出来事でしかない。

私が子どもの問題について発言すると、「子どももいないくせに」と謗《そし》られることもある。だが、私はかつて子どもだったのだ。自分を深く知れば、子どもだった時の自分の気持ちを通して、子どもの気持ちが理解できる。

もちろん、子を持つ親の立場であれば、親から見た子どもの気持ちはよくわかるだろう。だが「私が子どもだったら」という視点の者にも、同じ子ども同士として、子どもの気持ちはよくわかる。

自分の中にある痛みや悲しみや喜びを介して人とつながるには、自分の奥底へと、深く分け入らなければならない。自分に興味を持ち、自分ととことん向き合わなければ、あらゆる感情を知ることはできない。幼い頃から自分を見つめ続けてきた私だが、今もまだ、自分について知らないことがいっぱいある。

他者を思いやる想像力を持ち、すべてを人ごとにせずに「明日は我が身」と思い巡らせるだけの冷静さを持つためには、愚かさ、醜さ、情けなさといった欠点も含めて、自分を知らなければいけない。これは時として、しんどいことでもある。

だが、自分を一生懸命に徹底的に知ってこそ、自分を律して自分勝手に生きることができるようになるのだ。

終章

「自分勝手」を貫《つらぬ》くために

自分の醜さまでしっかりと見る

「紫陽花を見に行こう」

誘われたのは、二十代の終わり頃だっただろうか。

鎌倉に着くと、もう夕方だった。今は大人気で紫陽花のシーズンには観光客が詰めかけ、入場制限まで出ると聞く明月院だが、その頃は訪れる人もわずかだった。私たちが足を運んだ時には、他に人影もなかった。

夏めいた夕陽のなか、境内に続く細い石の階段を、二人して登っていった。両脇には青い紫陽花ばかりが迫り出すように咲いていた。紫、ピンク、白、赤、紫陽花にはいろいろな色があるけれど、私は今も昔も青が好きだ。

その頃の私は、ＮＨＫを辞めるか辞めないか、思案していた。

誘ってくれた彼はマスコミ関係。学生運動をかなり本格的にやってきて、大波小波もくぐり抜けた男だから、話していても面白かった。私が最初の本を出すべく尽力してくれ、付き合っていたわけではないけれど、お互いに知り合い以上の思いがあったのも確かだ。そうでなければ、夕方の鎌倉まで紫陽花を見に行ったりはしないだろう。

ひとしきり花を楽しみ、そろそろ帰ろうかとなったとき、彼は私を置いて、どんどん先に降りて行ってしまった。その後ろ姿を見ていて、おやっと思った。

階段の両脇に咲く幾百もの紫陽花が、いっせいに彼のほうへと、なびいているように見えたのだ。向日葵《ひまわり》は太陽に向かって咲くというけれど、さびしい花の紫陽花が、引き寄せられるように、そして媚びるように、彼のほうを見ている。それでいて後段にいる私に紫陽花はよそよそしく、知らん顔をしているのだった。

本当にそうだったかどうかはわからない。ただ、私にはそう思えた。

紫陽花を従えた彼の後ろ姿を見ていて、「あ、この人はここに来たことがあるな」とわかった。それも好きな女と来たことがあるな、と。

紫陽花の群れて寂しさ咲きにけり

こんな俳句が浮かんだ。紫陽花は装飾花という小さな〝花〟がいっぱい群れて一輪になっている。そんな紫陽花は、群れれば群れるほどさびしくなる花だと感じた。

不意に自分に湧き上がってきた奇妙な感覚に私は戸惑い、いったいなんでまた、これほどさびしくなるのか、紫陽花が彼になびいて見えるのかと、自分の心に聞いてみた。

そうやって突き詰めてみると、私は嫉妬しているのだった。付き合っているわけでもない男が、かつて何かしらあった女性と一緒に紫陽花を見たかもしれない。それだけのことに私は嫉妬しているのだ。

それまで私は、自分には嫉妬なんて気持ちはないと思っていた。とにかく自分にしか興味がないし、わりにあっさりしているたちだと思っていた。だが、違っていたのだ。

「そうか、私も嫉妬をするんだ」と気がついた。嫉妬という感情が自分には存在しないと綺麗事のように思っていたが、錯覚なのだ。

かように人間には、自分でも気がつかない醜い気持ちがたくさん潜んでいる。嫌な部分がいっぱいある。

自分は可愛いし、美化したいものだけれど、心を底の底までのぞきこめば、見たくないものがたくさん潜んでいる。

こんな昔のことを克明に覚えているのは、その時に「目を背けたい醜さまで見ることこそ、自分を知るということだ」と気づいたからだ。以来、「この感情は何？」と自分にしっかりと問うようになった。

「自分の嫌なところも見る」

これを自分に強いる。嫉妬、意地悪、羨望、卑しさ、愚かさ、自分の見たくない部分まで知ったうえで、自分勝手になる。

自分の嫌なこと、悲しいこともちゃんと見たうえで、物事を判断すると、自分勝手の中に厳しさが生じる。ダメな部分もたくさんある自分が、他の人に迷惑をかけて許されるはずがないと、謙虚になれる。

愚かしい自分を律しながら、自分が選んだ道を歩いていかなければいけない。そんなふうに背筋が伸びる気がしている。

決めたことには自信と責任を持つ

自分勝手というのは、自分のいいところ・悪いところを知ることだ。第三者の目とまではなかなかいかないけれど、極力、冷静に眺めるといい。

とはいえ、自分の醜さだけを見ていたら卑屈になってしまうから、自分のいいところも知っておくといい。

たとえば私は、自分を運がいいほうだと思っているが、自分の才能が何かまでは明確にはわからない。そもそも、本当に才能があるかどうかなど、自己満足でしかない気がする。また、私は「度胸がいい」としばしば言われ、こう書くと利点だが、「怖いもの知らず」とも言える。いずれにせよ、これもまあ、自分のいいところだと満足している。

なぜなら、自己満足はできたほうがいい。自分に関して「そう悪くない」と思うことは大切なことだ。さもなくば、胸をはって自分勝手に歩けない。

そうやって良きにつけ悪しきにつけ自分を知ったら、自分で判断をする。自分勝手とは、「自分で決める」ということだ。決断をしたのは自分自身。すべてにおいてこう思えたら、後悔もなく、気分良く生きていけるのではないだろうか。

この本の仕上げにかかろうというとき、安倍晋三首相の辞任が発表された。政治家としての彼は、自分の仲間ばかりを大事にしたり、独断と思える言動があったりした。悪しき自分勝手の代表選手のようなこともしたが、最後の辞任は「いい自分勝手」と言ってもいい。

病気というプライベートなことと、コロナ禍という非常事態にあっての一国の総理大臣というパブリックなことを秤《はかり》に掛けて、続投するべきか退くべきかは、とても難しい決断だったことだろう。

どちらの決断が正しいかはともかく、自分自身で決めたのが良かったと私は思う。総理大臣は孤独で、自分で全部を決めなければいけないという言葉通りの行動だった。

辞任を発表した記者会見で、安倍さんは正直だった。最後まで全部の質問に答えていて、感心した。これが側近に相談したり、党の重要人物とあれこれ策を練ったりしたら、どこからか情報が漏れたりして、「立つ鳥跡を濁しまくり」になっていたかもしれない。

少なくとも、周りと相談して決めたのであれば、辞任にあたって、あれほど清々しい顔はできなかったはずだ。


総理大臣でなくとも、人間は誰でも孤独だ。

公人だろうと私人だろうと、孤独である以上、自分のことは自分で決断しなければいけない。

自分で決めて、自分の心に忠実に判断して生きる。そして自分の判断について、自分で責任も取る覚悟をすることだ。


ところで、「自分勝手」という言葉には悪いイメージや、「やりっぱなし」というニュアンスがどうにも拭いされない。そこで改めて辞書を引いてみると、「勝手」には都合が良い、便利と言った意味合いがあるが、もう一つ、弓道の用語でもあると知った。

弓道をするときに、弓を支える左手を「弓手《ゆんで》」、弦を引っ張る右手を「刈《か》り手」といい、それが転じて「勝手」になったようだ。

すなわち勝手とは、矢を放つために、力一杯、自由に動かせる手である。自分の意思が込められるようにも思えるから、自分勝手は自分で決断すること、という私の解釈もそれに合致していると言っていい。

矢がどこに飛んでいくかは、わからない。正鵠《せいこく》を射るかどうかも、不確かな世の中である。だが、力一杯、自分の決めたように、自由に弦を引こうではないか。

言うだけでなく、行動を起こす

自分勝手を貫くなら、行動を起こさなければいけない。いくら自分を見つめ、自分で決断しても、泰然と座っていたらただの夢想だ。実際に動いて変えてこそ、自分勝手に生きたことになる。

私が死ぬまでに行動を起こしたいと思っていることの一つは、「夫婦別姓」である。こんなことは究極の自分勝手でもなんでもないが、「人間は孤独だ」「最後は一人だ」とつねづね言ったり書いたりしてきたのだから、やはり死ぬときは一人のほうがいい。戸籍上での私の姓はつれあいのものだが、私という人間は「下重暁子」以外の何者でもない。「最後は下重暁子として死にたい」というだけの話で、それぐらいは許されていいのではないか。

これに関して、つれあいと話し合ったことはない。なぜなら男性は別姓のことなど、なんの関心もないだろうから。

「今更なんでそんな面倒くさいことするんだ」

「いい歳をして、そんなことでがんばらなくてもいい」

喧嘩をする気もないし、ややこしい話をする気もないから問い質《ただ》すこともしないが、つれあいは、こんなふうに思っているはずだ。彼のように旧弊なところがなく、とらわれない男ですら、「まあ、いいじゃないか」と他人事を決め込んでいるのが、日本の夫婦別姓問題である。

だが、女性は違う。少なくとも私はまったく違う。家父長制度の名残に女だけが従わされ、名前というアイデンティティと関わるものが、婚姻によって自動的に変えられてしまうのはどう考えてもおかしなものだと思うし、何歳になろうが、その気持ちに変わりはない。


夫婦別姓を可能にするためには、黙っているのではなく、行動しなければならない。自分で取りに行かなければ、欲しいものは手に入らない。

政治家の野田聖子さんと、『サンデー毎日』（2020年4月12日号）で夫婦別姓をテーマに対談をしたのもその一環である。即効性があることではないが、これも私なりの行動の一つだ。

野田さんは、政治家とは思えないくらいまっすぐで正直な人だが、対談をしてみたところ、「夫婦別姓の実現はまだ時間がかかりそうだ」というのが私の感想である。

夫婦別姓に関心があるのは女ばかり、というのは政治の世界でも同じだが、野田さんに限らず、女性政治家はなかなか戦わない。ただでさえ、日本の女性政治家の数は少ない。世界経済フォーラムが発表した、男女がどれだけ平等かを示す「ジェンダー・ギャップ指数」２０１９年の調査では、日本は１５３カ国中１２１位。国際的に見て、日本の女性の地位は呆れるばかりに低いのだ。

そして、女性政治家は少数であるばかりか、みんな戦うのが下手ときているから、困ったものだ。女性はこそこそ陰口を言うばかり。数少ない戦い上手な女性政治家は小池百合子さんだと思うが、彼女が女性のため、国民のために戦っているかといえば、そういうわけでもないだろう。「いい自分勝手」の見本とは言い難い気がする。

その点、戦うことに関して、男は女よりはるかに巧みだ。男の政治家や経済界のお偉いさん、老いも若きも、できる男も阿呆な男も、戦うことだけは得意なようだ。

正面からも、裏手にまわっても、男たちは権謀術数を巡らす。いや、正面切って正々堂々と戦う男が、テレビの半沢直樹しかいないくらいになっている世の中だから、男どもはいっそう裏の世界でドロドロこそこそと戦っているのかもしれない。

兎《と》にも角にも、「本気でやろう」と思ったら、時には戦ってでも行動しなければ、物事は変わらない。


下重暁子として死ぬための行動として、実力行使をするならば、「死後離婚」という手もなくはない。つれあいが先に逝ったとして、「姻族関係終了届」を提出し、旧姓に戻る「復氏届」を提出すると、下重の姓に戻れるようだ。どちらが先に逝くかは定かでないが。

また、これから散歩がてら区役所に行き、勝手に離婚届を出しても籍は抜けるのだが、つれあいにしてみればそれはあまりに「自分勝手」だろう。

なりゆき任せにして死んでしまうのは口惜しい。夫婦別姓は、あくまでも一つの例だが、自分で考え、自分で判断し、自分で行動したい。自分勝手を貫いて死にたいものである。

同じ失敗を繰り返さない

自分勝手に生きるなら、人に迷惑をかけてはいけない。これは絶対のルールと言っていい。

「人に迷惑をかけないようにしよう」という言葉は日本人にとってなじみ深いもので、たいていの家庭で躾《しつけ》の一環として言われることだと思う。

私の母も口癖のように「人様に迷惑をかけてはいけません」と繰り返していた。

だが、「人に迷惑をかけない」という意味を取り違えていることがとても多い。

本当に相手にとって迷惑かどうかよりも、単に人にどう思われるか、人に何を言われるか、人に嫌われないかどうかを気にしているのだ。

これは「顰蹙《ひんしゅく》を買うのが怖い」というもので、なんのことはない、自分可愛さに人目を気にして、おもねっているだけである。「人に迷惑をかける」という本来の意味とはかけ離れている。

その挙げ句、「人と同じことをやっていれば文句を言われない」という、右へ倣えの姿勢となる。まったく情けない取り違えである。

本来の意味での「人に迷惑をかける」というのは、自分の言動によって人にすごく嫌な思いをさせるとか、生活に支障をきたす原因になるとか、何らかの被害をもたらすということだ。

ここをしっかり押さえて、「決して人に迷惑をかけない」という自分勝手をしたいものだと思う。

私の母は、「人様に迷惑をかけてはいけません」と言う時、こう言い添えてもいた。「いいのよ、あなたは好きなようにやりなさい。ただし、自分でやったことは自分で責任を取らなきゃいけない。人様に迷惑をかけないようにね」

たぶん、私は子どもの頃から自分勝手だったので、母はそれを案じてこう言ったのかもしれない。おかげで「自分勝手にやっていいけれど、自分で責任を取りなさい」という教育方針がしっかりと身についたことは幸運だったと思う。

「自分勝手にやってもいいけれど、責任を取る」

「人様に迷惑をかけてはいけない」

父が軍人だったためか、我が家のこうした教えは、「恥と誇り」みたいなものにもつながっている。古めかしい武士道精神だが、「自分に聞いて恥ずかしいことはしてはいけない」ともよく言われた。

「恥」というのもしばしば誤解されている言葉で、「人から見て恥ずかしくないように」と、体裁を気にしたり、取り繕ったりすることではない。自分と人と比べて、違っていたり劣っていたりしたら恥ずかしい、そんなくだらない意味ではないのだ。

恥の基準もあくまで自分。自分の心に問うてみて、恥ずかしいかどうかがすべてである。自分の振る舞いや選択について、自分の心に聞いてみて、恥ずかしくなければ、大抵のことはしていいと私は思う。


他人の目はごまかせても、自分だけはごまかせない。どんなに逃げても隠れても、「自分」だけはいつまでも、どこまでも、「自分」にぴたりとついてくる。

これはいささかきついことではあるけれど、おかげで同じ失敗を二度としなくなる。

人は誰でも失敗するし、間違えるし、失言するし、愚かなこともしでかす。私とて例外ではなく、「ああ、しまった！」という、身の毛のよだつ失敗をいくつもしてきた。あたかもムンクの「叫び」のように、思い出すと、今でも一人で顔を覆って大声を出したくなるような、みっともないこともしてきた。

だが、骨の髄から「ああ、しまった！　自分で自分が恥ずかしい」と思ったことは、二度としない。同じ失敗だけは、繰り返さないですんでいる。

「人間は、間違えることはある。だが、二度も同じ間違いをするのは恥だ」

そう思っているから、成長もできたのだと思う。

自分が行動した結果、失敗したとしたら、二度と同じ失敗を繰り返さない。これが自分の行動に責任を取るということである。

自分勝手に生きるためには、人の目でなく、自分の目を気にするのが一番いい。「迷惑」と「恥」という日本人の規律を、正しい解釈を持って、自分の腹の底に叩き込んでおくといい。

反省し、より良き自分勝手を見つける

失敗すると、人は転ぶ。かすり傷で済むこともあれば、骨を折ることもある。そしてどんな傷も、100パーセントの治癒はない。かすり傷の痕は目に見えないほどうっすらとしたものでも、傷になった部分の皮膚細胞はいったん死に、新たな上皮を再生している。「元どおり」というのは私たちの錯覚なのだ。

「元どおりにならないなんて、残念だ」という向きもあるかもしれないが、私は好機だと感じる。何かを失うというのは、もっと良くなるチャンスだと考えているからだ。

私は「コロナ以前の生活を取り戻して、元どおりの経済活動を」という意見を聞くと呆《あき》れてしまう。政治家が得意げにそんなことを言っていると、愚鈍さに腹が立つ。「コロナウイルスの流行が治り、早く元どおりに生活したい」と願うのは、あまりにも視野が狭くて幼稚だ。

好きなように外出して、おいしいものを食べて、人と会っていたこれまでの暮らしは快適だったが、素晴らしい暮らしぶりかといえば違うだろう。欲望を満たし、快適さを享受するために、人間は自然を破壊し、環境汚染をしてきた。これは私も同じだが、間違いだったのだ。欲望と快適さを追い求めた挙げ句にコロナパンデミックが起きたというのに、また同じ暮らしに戻ろうというのは、いかがなものだろう。

コロナ禍は、経済効率を優先し、欲望のままスピーディーに進んできた私たちに「ちょっと待て」という問いを投げかけてきた。ちょっと大袈裟にいえば、猛スピードで走ってきた人類が、調子に乗りすぎて「悪しき自分勝手」となり、すってんころりと転んでしまった、それが今回のコロナ禍の実態である。

私たちは失敗したのだ。それならば学び、変わらなければいけない。元どおり、コロナ以前の暮らしに戻るのではなく、より良くならなければいけない。それが成長するということ、生きるということだ。

私が特に危惧するのは日本人の特性だ。日本人は「水に流す」というのが得意で、大変なことがあってもすぐに平気で元に戻る。3・11の東日本大震災の時、あの津波を見て、誰しも感じることがあったに違いない。連鎖的に起きた福島第一原発事故の被害によって、故郷を失う人もいた。薄暗い中で、私たちはこの国の危うさを痛感した。

そこから「煌々《こうこう》と照明をつけなくても、たまにはローソクの灯りで夜を楽しむのもいいじゃないか。間接照明を楽しむヨーロッパ人のように、薄闇を堪能しよう」などという意見も生まれたが、一瞬のことだった。環境保全の意識の高まりも一過性だった。

あっという間に、日本人は節電のことも、エネルギー供給が危険と背中合わせであることも忘れてしまった。猛暑にエアコンを使うのはやむを得ない面があるにせよ、十年も経たないうちに東日本大震災のことをコロリと忘れて、私たちは「元どおり」に暮らしてきたのだ。

日本は地震、台風などの災害が多いので、「忘れないとやっていけない」という面もあろう。だが、それを差し引いても相当に忘れっぽいし、能天気が過ぎる。３・11で学んだのが「てんでんこ」だけというのは、どうにもせつない。

新型コロナウイルス予防のワクチンが開発されるのはおそらく時間の問題であり、

今の有り様はやがておさまるだろう。だが、「収束したのは人間の知恵のおかげ」「科学の発展は素晴らしい」などと得意がるのは大間違いだ。むしろ、コロナ禍を貴重な教訓として、自然の脅威をじっくりと考えなければいけない。

環境破壊は海で、森で、空で起きている。地球温暖化の速度は恐ろしいほどだ。あらゆる破壊が重層化していき、ある時に終末がくると私は思っている。だが、「今の環境悪化の流れを完全に止めることはできないけれど、人間の知恵を結集すれば、はるか先に延ばしていくことはできる」と識者は言う。

それなら私は、コロナ禍を教訓に、違う私に変わりたい。新たな自分勝手で生きていきたい。それが戦後の多くの日本人と同じく、経済優先の暮らしをたっぷりと楽しんできた自分の、責任の取り方だと思っている。

「新しい自分勝手」を、実にさらりとやってのけた人物がいる。イタリア、いや世界のファッション界の重鎮、ジョルジオ・アルマーニだ。

私はアルマーニの服が好きで、長年愛用している。アルマーニさんが日本で開いた最後のショーにも顔を出したが、彼はモデルたちがランウェイから消えたあと、さりげなく出てきて軽く手を挙げ、そのままいなくなった。みんなに拍手喝采されて花束をもらってお別れ、という大袈裟さはなく、「さすがに粋だ」と感心した。

そしてイタリアでコロナウイルスが猛威を振るった春、アメリカの「WWD」にアルマーニさんの公開書簡が掲載された。「今回の危機を、ファッション業界の現状をリセットしてスローダウンする機会にしよう」という内容だ。

ファッションは季節を先取りするから、春には翌年の秋冬のコレクションが発表される。このところは安価で大量生産されるファストファッションの台頭で、アルマーニのようなラグジュアリーなファッションも、「はやく作ってはやく売る」という流れが加速していた。だが、彼はそれを「もう、やめよう。少なくとも私はやめる」と表明したのだ。

コロナ禍を機に、アルマーニの店では夏の声とともに分厚いコートを並べるやり方を改め、季節に合わせて季節の服を売ることにした。夏には夏の服を、秋には秋の服を売る。例年なら冬色一色の九月も、夏服を売り続ける。

これはファッション業界にとっては画期的なことで、いわば「新しい自分勝手」を打ち出したといえる。八月に私のもとに届いた新作の案内状も、例年なら二〇二一年の春夏コレクションであるところが、今年は二〇二〇年の秋冬コレクションだった。

ジョルジオ・アルマーニさんは、一九三四年生まれの八十六歳。年齢は関係なく、人は何歳であっても新しいことができる。失敗から学んで、「新しい自分勝手」ができるのだ。彼は自社のことではなく、ファッションのことではなく、地球全体を見ているのだろう。

コロナ禍で観光客が減ったことで、ヴェネチアの運河の水がきれいになり、魚影が見えるようになったそうだ。中国の空を黄色く覆うスモッグも減ったと聞く。軽井沢も、今年は蝶や鳥がいつもの年より多かった。自然はあっという間に回復する。

私たちは転んだ事実を、忘れてはいけない。だからこそ、新しい自分勝手を生きよう。

あとがき

本書のために、数回、銀座にあるマガジンハウスの本社に通った。ちょうど緊急事態宣言が国から発せられていた最中だった。

自宅からタクシーでまっすぐ銀座まで、途中、西銀座の交差点やアルマーニタワーのある馴染みの場所にまったく人影が見当たらず、ゴーストタウンだ。人がいない街というものが、こんなにつまらないとは！　芝居の書き割りのようで、不気味ですらあった。

本社ビルに着いたら、入口でまず検温、手を消毒し、一階のガランとした空間で仕事を始める。誰も他に人はいない。たまに通り過ぎる人はいるが、多分、ほとんどの社員はオンラインで在宅勤務なのだ。

あまり人づきあいのよくない私だが、こんなに人の顔が見えないと不安になる。人々は一体どこで息を潜めているのだろうか。

自分勝手に生きてきた私ではあるが、人々の姿が見えてこその自分勝手であって、そもそも人の姿のない中では、自分勝手にせざるを得ないのではないか。

私が書きたかったのは、群衆の中の孤独といったものだったはずだが、コロナ禍の中では、人はそれぞれ自分の場所で自分勝手にならざるを得なかった。

ところが日頃からその訓練のできない人にとっては、思いがけない精神的な負担となり、うつになるケースもあったかと思う。

特に、まわりの人から愛され、いい人だとほめられ、その役柄を完璧につとめている人にとっては、どうしていいかわからない苦痛だと思う。

何しろ自分を取り巻く環境が変わってしまい、まわりに尽くすべき人がいなくなってしまったのだから。

自死が多かったのは、コロナと無関係ではない。有名な芸能人をはじめ、惜しい才能がいくつも失われた。残念でならない。

もっと自分勝手に生きていたら、自死という行為には至らなかったのではなかろうか。

実は、医療関係者からは、ずっと前から自死が増えていると聞いていた。

夏休み後に学生の自死が多いとは、昔から言われていたが、コロナによる突然の長い休み。当たり前に思われていたことがなくなってみると、何をしていいかわからない。どう自分を処理していいかわからないということが多かったに違いない。気晴らしをしたくとも自粛自粛で、人から白い目で見られる。

こんな状況では、自分勝手に生きることを普段から訓練しておかないと、すぐには対応できない。

コロナというウィルスによる病気ではなく、自死を含むさまざまな死がこれから明らかになってくる。

私のまわりでも、一緒に仕事中の編集者をはじめ、私の歌の先生や、旅仲間など、ついこの間元気で会った人達が、一週間から一ヶ月であっという間に亡くなった。もちろん違う病気が原因なのだが、コロナのため診断や処置が遅れたことは否めない。

そう言った突然の死や自死に至るまで、一連のコロナ関連死なのではないかと私は思ってしまう。

コロナは普段気づかない、さまざまなものをあぶり出した。

人に優しい、いい人ほど、その影響を受けたのではないか。
だからこそ、自分勝手に生きよう。自分の心に耳をすませ、自分に忠実に生きようではないか。

今夜は中秋の名月、仕事部屋の窓に生き物のような月が浮かんでいる。
担当してくださった広瀬桂子さんと青木由美子さんに、心からの感謝をこめて。

下重暁子

二〇二〇年一〇月一日

下重暁子（しもじゅう・あきこ）

１９３６年生まれ。早稲田大学教育学部国語国文学科卒業後、ＮＨＫにアナウンサーとして入局。１９６８年に独立、民放キャスターを経て、文筆活動に入る。エッセイ、評論、ノンフィクション、小説と多岐にわたって執筆。２００５年、公益財団法人ＪＫＡ（旧・日本自転車振興会）会長に就任、２０１１年まで務めた。現在、日本ペンクラブ副会長、日本旅行作家協会会長。63万部のベストセラーとなった『家族という病』（幻冬舎新書）で、自立した個人の大切さを説き、『極上の孤独』『人間の品性』『年齢は捨てなさい』などの著書で、さまざまな問題提起を行っている。著書多数。

自分勝手で生きなさい

発行日　二〇二〇年一〇月二六日　第一刷発行

著　者　下重暁子

発行者　鉄尾周一

発行所　株式会社マガジンハウス
〒一〇四-八〇〇三　東京都中央区銀座三-一三-一〇
書籍編集部　☎〇三-三五四五-七〇三〇
受注センター　☎〇四九-二七五-一八一一

印刷・製本　中央精版印刷株式会社

ISBN978-4-8387-3130-5 C0095

マガジンハウスのホームページ　https://magazineworld.jp/